Vorwort

Dies ist eine Autobiographie, die ca. 20 Jahre meines Lebens umfasst. Obwohl ich sicher bin, dass der angesprochene Protagonist in seiner nihilistischen Grundhaltung alles bestreiten wird, was ich hier zu Papier gebracht habe, versichere ich, dass jedes Wort der Wahrheit entspricht!

Gerne hätte ich auch mal eine positive Eigenschaft dieses bildungsresistenten, klug scheißenden Angebers aufgeführt, aber es wollte mir nicht gelingen, auch nur einen Pluspunkt für ihn zu entdecken.

Als streng erzogene und äußerst empathische Person bin ich viel zu lange den Weg der vernünftigen, gebildeten Frau gegangen, aber irgendwann reicht es!

Brigitta Gabriel

2

SHIT HAPPENS...

oder die Spärlichkeit der großen Worte!

Nachdem vor etlichen Jahren ein Neurologe mich bei seiner Anamnese nach meinem Vorleben befragte, und ich ihm antworte, dass ich 3x verheiratet war, meinte er knochentrocken; „Also...3x in die Scheiße gegriffen!"

Wie Recht der Mann hatte!

Mein erster Mann krallte mich, als ich 12 Jahre alt war. Ich war leicht frühreif und fühlte mich am Bauch gepinselt, dass ein 17-jähriger Interesse an mir zeigte...

3

Erst viele Jahre später wurde mir klar, dass ich in die Fänge eines Pädophilen geraten war. Die Bezeichnung „Pädophil " war mir damals noch fremd…schließlich spielte ich noch mit Puppen.

Ich war fasziniert von seinem „Schmäh", der aber nichts weiter war als eine Ausgeburt seiner unterentwickelten Intelligenz. Als mir das klar wurde, fasste ich den heroischen Vorsatz, meine Bildung, die ich im Begriff war, mir als Realschülerin anzueignen, mit ihm zu teilen.

Was ich damals noch nicht wusste: Mein Auserkorener sperrte sich gegen alles, was auch nur nach Bildung roch! 20 Jahre lang versucht ich ihm z.B. einzubläuen, wie das englische „th" ausgesprochen wird.

4

Vergebliche Liebesmüh: Es wurde – auch nach monatelangem Englischkurs – „t" „h", als „te" ausgesprochen.

Nach jedem Ende eines Films in englischer Sprache im TV kam das obligatorische: „aha... te end"!

Pamela, seine private Englischlehrerin und Frau seines Schulfreundes, bat mich total entnervt, ihn davon zu überzeugen, den Englisch-Lern-Versuch abzubrechen und stattdessen vielleicht Fußball zu spielen.

Sie hatte Skrupel, von uns Geld für aussichtsloses Unterfangen zu nehmen.

Sie wusste aber nicht, dass auch der Fußball- Versuch bereits in einem Desaster geendet hatte, und mir mal wieder ein „Fremdschäm"- Erlebnis bescherte.

5

Habt ihr schon mal einen Fußballspieler beobachtet, der von seinem Mitspieler angespielt wird, sich wegdreht und dabei die Arme über Kreuz vors Gesicht hält und währenddessen mit einem angezogenen Bein seine „Kronjuwelen" schützt?!

Die Häme seiner Mitspieler und Zuschauer war unbeschreiblich.

Was Bewegung, oder sogar Sport anbelangte, war er eine fatale Fehlbesetzung.Gegen das Tanzen muss er wohl operiert gewesen sein. Er verbot mir,beim Tanzen meine Hüften zu bewegen.Um das zu verhindern, legte er seine Hände wie einen Schraubstock um mich und raunte mir ständig zu, dass es sich nicht gehöre, die Hüften beim Tanz zu bewegen! Bei Zuwiderhandlung schlug er sogar darauf.

6

Ich kann es an den Fingern einer Hand abzählen, wie oft wir im Laufe unseres ca. 20-jährigen Horror-Trips miteinander tanzten. Selbst wenn wir eine ausgewiesene Tanzveranstaltung besuchten, blieben wir wie angewurzelt auf unseren Plätzen sitzen, weil mein Begleiter seine „Tanzwut" so zügelte, dass man meinen konnte, ihn drohe die Todesstrafe, wenn er sich auf die Tanzfläche begäbe, stattdessen schüttete er das Bier Eimerweise in sich rein!

Mein Vater hatte für mich geplant, ein Aufbau-Gymnasium zu besuchen, um später zu studieren.

Oh Gott...als ich das meinem Freund mitteilte, flippte er aus!

Es war das erste – aber nicht das letzte - Mal, dass er heulend vor mir kniete.

7

Die Hände wie zum Gebet gefaltet, flehte er darum, unser „Glück" nicht aus den Augen zu lassen…ich solle arbeiten und Geld verdienen, damit wir uns eine Existenz aufbauen können.

Seine Kniefälle wurden zum sich wiederholenden Ritual. Immer, wenn er seinen Willen durchsetzen wollte, fiel er auf die Knie!

Seine Schwester erzählte, dass er auf diese Art und Weise, sich sein Moped und sein Auto, Kniefall-unterstützt „erheult" hatte.

Das Fatale an der Sache war: Sie beschuldigte mich, daran schuld zu sein, dass sie erst 1 Jahr später als geplant, heiraten konnte.

Ihr Bruder machte so lange auf „Heulboje", bis sie ihm das zusammen gesparte Hochzeitsgeld für ein Auto aushändigte.

Wie es bis zum Ende unserer Ehe üblich war, war ich – in ihrer mehr als einfach strukturierten Art, natürlich die Schuldige an der verschobenen Hochzeit, weil ihr Versager-Bruder nur meinetwegen ein Auto haben wollte.

Hand aufs Herz: Welches junge Mädchen träumt schon von einer kurz vor dem Verfallsdatum stehenden verrosteten BMW-ISETTA ?!

Ich habe mich jedes Mal in Grund und Boden geschämt, wenn ich mich in diese „Knutschkugel" rein zwängte. Auch hatte ich vorher nicht gewusst, dass dieses Gefährt das Objekt seiner Begierde war... ich hätte alles daran gesetzt, ihm das auszureden!

9

Relevant war nur, dass mit meiner Person mal wieder eine Schuldige ausgeguckt wurde. Wie sich im Laufe der Jahre herausstellte, war ich an allen Fehlern und Unzulänglichkeiten des verwöhnten, unerzogenen und geistig unterentwickelten Ablegers Schuld.

Da er alle seine Unterlagen, Zeugnisse und Beurteilungen bei seinen Eltern versteckt hatte, weiß ich bis heute nicht, ob er überhaupt einen Grundschulabschluss hatte.

Ich bezweifle es, da er nicht in der Lage war, auch nur einen Satz fehlerfrei zu schreiben. Schriftliches in jedweder Form musste von mir erledigt werden.

Alles, was der Mann bis heute im Leben erreicht hat, war ausschließlich mein Verdienst…

10

Ich bin mit dem vor Angst zitternden Etwas in die Personalabteilung der Bank gegangen, um ihn als kommenden Glücksfall anzupreisen, als er nach der Bundeswehr arbeitslos zu werden drohte…

Natürlich ist heute alles nicht wahr: Er war der große Zampano, der alles im Griff hatte!!!

Meinen Freundeskreis musste ich stark reduzieren. Sie stellten nämlich Mindestanforderungen an Intelligenz und Bildung. Im Umkehrschluss lehnte er alle meine Freunde ab…Zitat: „Das sind alles Spinner…die waren auf Schule!"

Einige wenige seiner ehemaligen Schulkameraden blieben übrig, die aber durch die Bank das gleiche Niveau wie er hatten.

11

Der Kerl hat gesoffen wie ein Loch… auch daran war ich Schuld, wenn es nach Schwiegermonster ging, obwohl ich bis zum heutigen Tag noch nie ein Glas Wein oder sonstigen Alkohol getrunken habe…

Es existiert ein altes Foto: Mein Ex als 15-jähriger, stockbesoffen, hält er sich an seinem volltrunkenem Vater fest und er sich an ihm… beide in Bergmanns-Knappen- Uniformen, was noch zusätzlich besonders bescheuert aussah.

Seine Schwester hatte sich jahrelang damit gebrüstet, wie sie damals ihren Bruder in der Zinkbadewanne vom Erbrochenen befreite!

Nachdem er seine Sauf-Orgien mit Vehemenz später in seiner Bundeswehr-Zeit fortsetzte, meinte seine Alte: „Ich verstehe nicht, warum der Junge trinkt...das kann nur an dir liegen...bei mir hat der Junge nie getrunken!"

Die Wahrheit war: Bei ihr hat er das Saufen gelernt und ist zum Alki geworden!

Bei der Bundeswehr hat „der Junge" exzessiv gesoffen. Er war unter der Woche an seinem Stationierungsort in einer westfälischen Kaserne. Er berichtete mir fast wöchentlich, wie seine Kameraden sich daneben benahmen: soffen wie die Löcher und ihre Frauen betrogen.

Er sei der Einzige, der als verheirateter Mann wisse, wie man sich korrekt verhalte. Später sollte ich eines Besseren belehrt werden!

13

Es stellte sich heraus, dass er ein Meister der Verdrehungstaktik war!

Zum ersten Mal wurde ich damit konfrontiert, als er sich bei einem Treffen verspätet hatte, und er als Begründung angab, er habe erst mal seine Schwester verdreschen müssen.

Ich war entsetzt und kritisierte ihn dafür, aber er meinte, sie habe sich so sehr daneben benommen, dass er gar nicht anders konnte.

Einige Zeit später erfuhr ich, dass es genau umgekehrt war: seine Schwester hatte ihn - den 18-jährigen - auf offener Straße und im Beisein etlicher Nachbarn verprügelt, weil er sich weigerte, die angelieferten Kohlen, die auf der Straße lagen, in den Keller zu schaffen!

14

Das nächste Mal, als ich mit seiner Verlogenheit konfrontiert wurde, bekam ich Schnappatmung!

Man stelle sich vor: eine Kollegin berichtet mir, dass die Ehe ihrer Schwester gescheitert sei, und sie suche jetzt Nachfolger für ihre Wohnung, die auch die Möbel übernehmen.

Damals war es noch sehr eng auf dem Wohnungsmarkt und wir waren froh, so eine Gelegenheit nutzen zu können.

Da es meine Kollegin war, die mir die Information gab, war es für mich selbstverständlich, den weiteren Ablauf zu organisieren.

Ich machte einen Termin mit dem Wohnungsmieter und dem Hausbesitzer.

15

Mit dem Hausbesitzer, der im gleichen Haus wohnte, sprach ich ab, dass wir nach den Verhandlungen mit dem Mieter nochmal bei ihm vorbeischauen. Schon zu diesem Zeitpunkt fiel mir auf, dass mein Zukünftiger den Mund nicht aufmachte und sich lediglich kreisend die Hände rieb.

Später...in der Wohnung des Mieters setzte er dieses Gehabe fort.

Verzweifelt wartete ich darauf, dass er endlich mal den Mund aufmachte. Als ich merkte, dass von seiner Seite einfach nichts kam, eröffnete ich die Verhandlung. Der Verhandlungspartner wollte für die Möbel, in denen er 6 Jahre gewohnt hatte, den Neupreis erzielen.

16

Mein Zukünftiger schwieg, und zitterte am ganzen Körper wie ein scheißender Köter!

Als ich das Wort ergriff und meinte, der Mieter könne für gebrauchte Möbel nicht den Neupreis verlangen, wurde ich heftig von meinem stummen Begleiter unter dem Tisch getreten.

Während der gesamten Verhandlung, in der er sich nur wie wild die Hände rieb und mich immer heftiger unter dem Tisch trat, gab er kein Wort von sich.

Irgendwie gelang es mir, einen Konsens zu erzielen. Der Betrag, auf den wir uns einigten, lag in unserem Budget.

Kaum hatten wir die Wohnung verlassen, fand mein Zukünftiger seine Stimme wieder, aber nur, um mich

17

wüst zu beschimpfen, ich hätte die Möbel „ beleidigt und schlecht geredet", und jetzt würden wir – ausschließlich durch meine Schuld – nie wieder eine Wohnung bekommen!

Der Vermieter beruhigte ihn und meinte, er habe mit seiner Frau beschlossen, uns die Wohnung zu vermieten, da wir von unserem Background her sehr gut in die Hausgemeinschaft passen würden. Diese Entscheidung sei unabhängig von einer eventuellen Möbelübernahme.

Zitat: „Sie bekommen die Wohnung, auch wenn sie kein Möbelstück übernehmen!"

Wir fuhren zu seinen Eltern, die schon neugierig warteten…

18

Was ich dort erlebte, ließ mir die Schamesröte ins Gesicht steigen. Der personifizierte Feigling verkündete großkotzig, dass wir den Zuschlag für die Wohnung alleine durch SEIN Verhandlungsgeschick und Durchsetzungsvermögen bekommen hätten. ER habe dem Mieter gehörig die Meinung gesagt und ihm klar gemacht, dass er für seine alten Möbel kaum etwas an Geld verlangen könne!

Diese Version wiederholte er bei allen Freunden und Bekannten…ich habe mich nur noch fremd geschämt!

Ich war so entsetzt über seine Hinterfotzigkeit, dass ich ihm später mitteilte, so einen verlogenen Kerl nicht heiraten zu können.

Er gab daraufhin sein bestes Sortiment an Heulerei auf seinen Knien und versprach, nie wieder so unehrlich zu sein.

Damals war ich zu jung und unerfahren, um zu realisieren, dass ich es mit einem unverbesserlichen Lügner und Heuchler zu tun hatte…Ich sollte mit diesem Typ noch mein blaues Wunder erleben!

Mir war aufgefallen, dass er nicht in der Lage war, Menschen in die Augen zu schauen…so störend es auch war; irgendwann gewöhnte ich mich daran. Woran ich mich aber nie gewöhnte, war der extreme Seitenblick seines Vaters, Typ „Ekel Alfred" von Körpergröße und Intelligenz-Defizit.

Er legte den Kopf a là Glöckner von Notre Dame zur Seite, um seinem Gegenüber nicht in die Augen schauen zu müssen.

20

Mir wurde klar, dass mein Partner dieses Defizit in abgeschwächter Form als genetisches Merkmal von seinem Vater übernommen hatte.

Sein Vater, einen Kopf kleiner als seine Frau, die ihn mit der Statur eines Dragoners, unterm Arm hätte verhungern lassen können, hielt sich für die Krone der Schöpfung...Frauen waren für ihn minderwertige Wesen, die er abfällig nur als „Weiber" betitelte. Ein „Weib" hat dem Mann gefälligst untertan zu sein...mehr Intelligenz als ein Mann zu haben, war ein Sakrileg und wurde mit grenzenlosem Hass quittiert, der in Beleidigungen und Unverschämtheiten gipfelte, wie ich im Laufe meiner unglaublichen 15-jährigen Ehe immer wieder zu spüren bekam. Eine Frau hat nicht intelligenter als der Mann zu sein!!!

Bei mir klappte seine Anschauungsweise nicht: Im Club der geistigen Minimalisten war kein Platz mehr frei… überbelegt durch ihn, seine Frau und seine Nachkommen.

Er hatte überhaupt nichts zu melden… Das Sagen hatte ganz alleine seine Frau, mein Schwiegermonster, eine Legasthenikerin!

Ihr Zitat: „In einer Ehe muss Einer die starke Hand haben, und das muss die Frau sein!"

Diesen Ausspruch schleuderte sie mir zum 1.Mal um die Ohren, als ihr Sohn mich zum Frauenarzt gefahren hatte, aber anschließend einen TÜV-Termin mit dem Auto wahrnehmen musste. Anstatt mich nur abzusetzen, wie es abgesprochen war, drängelte er sich mit ins Wartezimmer. Damals war es noch atypisch, dass Männer sich im gynäkologischen Umfeld herumdrückten.

Ich fragte mich, warum er das machte und kam zu dem Ergebnis, dass es reine Profilierungssucht war. Zwischen den Frauen kam er sich vor, wie der Hahn im Korb, der Mann, der seine Frau beschützte! Mir war sein Gehabe sehr peinlich, da die anderen Frauen ihn argwöhnisch anschauten...so als ob er ein Spanner sei...vielleicht hatten sie auch Recht!

Alle 10 Minuten erinnerte ich ihn an seinen TÜV-Termin. Er lehnte kategorisch ab, blieb stur sitzen, so dass ich anfing, an seinem Verstand zu zweifeln. Nach sage und schreibe 2 Stunden Wartezeit war ich an der Reihe, obwohl ich einen Termin hatte… Der Vollpfosten meinte anschließend, jetzt habe er seinen Termin bereits versäumt und könne wieder mit mir zu seiner Mutter fahren, die in der Zwischenzeit mein Baby gehütet hatte. Als wir zur Tür reinkamen, meinte die Alte, dass wir das zeitlich gut hinbekommen hätten mit Arzt und TÜV. Er gestand ihr, dass er noch nicht beim TÜV war, weil er die ganze Zeit bei mir gesessen habe.

Ohne überhaupt zu hinterfragen, stürzte sich die Alte auf mich, wollte auf mich einschlagen, erging sich in wüste Beschimpfungen, beschuldigte mich, das Leben ihres Jungen zu zerstören, des Jungen, der sich mal wieder feige aus dem Kampfgeschehen zurückzog und mich mit keinem Wort verteidigte.

Irgendwann gelang es mir, ihre perversen Schimpftiraden kurz zu unterbrechen und ihr zu sagen, dass es ganz alleine seine eigensinnige Entscheidung war, im Wartezimmer sitzen zu bleiben.

Daraufhin wurde ich zum ersten Mal mit dem männerfeindlichen Zitat konfrontiert.

So sollte ich auch ihren Sohn behandeln, wenn er es wagte, seinen eigenen Kopf zu haben.

Ein Sohn, der sich permanent im Schatten seiner Frau sonnte! Es entzieht sich meiner Logik, warum er ständig mit seiner „Frau, der Wienerin" protzte". Was hatte er mit meiner

Herkunft zu tun? Sie wertete ihn nicht auf…auch wenn er es sich angewöhnte, anstelle von „nein" „naa" zu sagen…das machte ihn nicht zum Wiener, auch wenn er es sich mit seinen begrenzten geistigen Möglichkeiten einbildete.

Seine Gehässigkeit war aber grenzenlos, wenn ich ein Kompliment über mein Aussehen erhielt…dann konterte er: „Ja…aber du müsstest sie mal morgens um 6:00 Uhr sehen!"

Gegen Ende unserer Ehe adoptierte er ein neues Wort. Alle und alles musste „global" gesehen werden! Gnadenlos vergewaltigte er dieses Wort…total aus dem Zusammenhang gerissen!

Bis heute macht er sich damit zur Lachnummer.

26

Ich fragte ihn, ob er überhaupt die Bedeutung dieses Wortes kenne...Seine Antwort: „natürlich", war aber nicht in der Lage, zu erklären, womit er ständig um sich warf.

In den ersten Wochen unserer Ehe wurde ich schwer krank. Ich bekam hohes Fieber und war die meiste Zeit im Delirium. Immer, wenn ich einigermaßen klar war, bat ich meinen Mann, einen Arzt zu rufen. Der Loser schaffte es einfach nicht, holte stattdessen seine Mutter, die mit Hühnersuppe und viel Tränen im Gepäck antanzte...

Sie setzte sich auf meine Bettkante, versuchte mir Hühnersuppe einzuflößen und heulte wie ein Schloss Hund.

27

Soweit ich dazu noch fähig war, dachte ich, dass sie mich doch ein wenig mochte…Fehlanzeige!!!

Später sagte sie mir, sie sei so mit den Nerven fertig gewesen, hätte so viel weinen müssen, weil sie Angst hatte, dass ihr armer Sohn so früh Witwer würde.

Hätte die verantwortungslose Memme bei meinen Eltern angerufen, wäre mein Vater, der medizinische Kenntnisse als Sanitäter hatte, sofort gekommen, um mich umgehend ins Krankenhaus zu schaffen. Aber nein… aus reiner Dummheit wurde mit meinem Leben gepokert!

Sobald ich konnte, schleppte ich mich zum Arzt, der eine sich im Abklingen befindende schwere Lungenentzündung diagnostizierte.

28

Zu Zeiten seiner Stationierung in einer westfälischen Kaserne bildete er mit einigen seiner Kameraden, die auch in unserer Stadt wohnten, eine Fahrgemeinschaft.

Das kam ihm an seinem Geburtstag sehr zugute, obwohl er in dieser Woche turnusmäßig als Fahrer an der Reihe war.

In einem Anflug von Großherzigkeit hatte ich seine Eltern zum Kaffee eingeladen. Er sollte nach seinem Eintreffen zu Hause anschließend seine Eltern mit dem Auto abholen.

Als er die Tür zu unserer Wohnung aufschloss und ich ihn sah, traf mich fast der Schlag…Seine Uniform war über und über mit Erbrochenem bekleckert und er stank bestialisch!

29

Als er meinen entsetzten Blick sah, meinte er lallend: „Du müsstest erst mal das Auto sehen!"

Da mir klar war, dass ich mal wieder den Chauffeur für seine Eltern spielen musste, ging ich runter zum Auto, wo mich nochmal der Schlag streifte! Das Auto sah aus, wie aus einer Jauche-Grube gezogen…sehr zur Freude der Nachbarn, die feixend in den Fenstern lagen.

Er hatte sich bereits während seiner Dienststunden ein zügelloses Besäufnis gegönnt und dann bei ca. 100 km/h aus dem Fenster gekotzt, während ein Kollege sein Auto lenkte.

Ich holte mehrere Eimer Wasser und reinigte unter Anfeuerung der Nachbarschaft das Auto.

Von innen war mein Putztalent auch noch Mal gefragt...aber der bestialische Gestank blieb dem Auto treu bis ans Ende seiner Tage!

Heutzutage würde ich für das versoffene Subjekt keinen Finger mehr rühren, mich nicht nochmal vor der gesamten Nachbarschaft lächerlich machen...nein...ich würde das Auto mit der Jauche stehen lassen, bis er wieder selber in der Lage gewesen wäre, seine Sauerei zu beseitigen.

Seine Eltern hätte ich mit Wonne im Regen stehen lassen...die wüsten Beschimpfungen konnten auch keine Steigerung mehr erfahren, wenn ich sie gar nicht abgeholt hätte.

In Ermangelung eines Telefonanschlusses war Benachrichtigung nicht möglich.

Selbstredend war ich wieder die Schuldige an seiner Sauf - Orgie. Mal wieder hatte sie seine Alkoholsucht schön geredet: „Das kann nur an dir liegen…bei mir hat der Junge nie getrunken!"

Den Rest kennen wir ja schon!

Während er seinen Rausch ausschlief, durfte ich seine Eltern bespaßen, die mit mir seinen Geburtstag „feierten".

In unserer Ehe war ich vehement damit beschäftigt, mein Licht unter den Scheffel zu stellen…meinen Mund zu halten, das primitive und falsche Deutsch, das in dieser Familie gesprochen wurde, nicht zu korrigieren oder zu kommentieren.

Für sie war schon alleine die Tatsache, dass ich korrektes Deutsch sprach, eine

32

Provokation! Am Anfang unserer Beziehung traute ich mich nicht, meinen Mund aufzumachen, sie könnten mich ja für arrogant halten!

Ich weiß noch sehr genau, wie ich fast an dem erstickt bin, was ich nicht sagen konnte, als unsere kleine Nichte verkündete, sie gehe jetzt „auf" Bett. Sie wurde von ihrer Mutter streng zu Recht gewiesen, dass es heiße: ich gehe jetzt „im Bett"!

Gott sei Dank entwickelte meine Tochter ein sehr gutes Gefühl für die deutsche Sprache.

Diese Gabe hatte sie eindeutig von mir übernommen. Bereits im Kindergartenalter benutzte sie den Infinitiv mit „zu" ganz korrekt.

33

Eines Tages forderte sein Vater uns auf, einen Einzahlungsbeleg für ihn mit zur Post zu nehmen...allerdings müsse er den Beleg erst ausfüllen...

Was sich dann abspielte, grenzte an den Ablauf einer Malstunde im Kindergarten. Mir wurde klar, dass da ein Analphabet versuchte, sein bestes Sortiment zu geben. Da das Postamt kurz vor Schalterschluss stand, bot ich ihm freundlich an, das Formular mal eben auszufüllen. Offensichtlich eruierte er in diesem Augenblick, dass er sich als Analphabet geoutet hatte. Er sprang vom Tisch auf, wobei der Stuhl mit Getöse umfiel, holte mit seinem Arm zum Schlag gegen mich aus und schrie: „Ich hau dich inne Fresse, du Arschloch!"

34

Im letzten Moment riss er sich zusammen, stellte wutschnaubend seinen Stuhl auf und setzte seine Malarbeiten fort!

Mein damals noch frisch angetrauter „Herr Gattgemahl" war zur Seite gesprungen, um nicht einen Querschläger abzubekommen. Seine Feigheit hinderte ihn daran, endlich mal seinem Vater die Stirn zu bieten, indem er ihn verbal in seine Schranken wies, geschweige denn sich ihm entgegen zu stellen, um den Gnom am Schlagen zu hindern. Seine Feigheit war größer als seine angebliche Liebe zu mir.

In der Verteilung von Bösartigkeiten und Gemeinheiten gegen mich standen sich die „Traumschwiegereltern" in nichts nach.

35

Während der Bundeswehrzeit ihres Sohnes lauerte die Alte fast jeden 2. Abend vor unserer Haustür, um mich zu bespitzeln.

Wehe, ich kam mal 5 Minuten später von der Arbeit, als von ihr kalkuliert, um die Ecke, dann schrie sie schon von Weitem: „Ha...so missbrauchst du also das Vertrauen meines Jungen! Du treibst dich rum!"

Sie drängelte sich in unsere Wohnung, suchte nach Staub , öffnete Schränke, schnüffelte nach Ordnungsdefiziten und steckte mit schöner Regelmäßigkeit die Finger in die Blumenerde, um zu kontrollieren, ob sie richtig gegossen wurden. Gnade mir Gott, wenn meine Kaffeetasse vom Frühstück in der Spüle stand, oder mein Bett in der morgendlichen Eile noch nicht gemacht war...dann war ich eine

Schlampe, die ihres Sohnes nicht würdig war!

Wenn ich ihren Sohn bat, diese Kontrollbesuche zu unterbinden, argumentierte er mit den Worten: "Sie meint es doch nur gut!"

Der wahre Grund war seine unbeschreibliche Feigheit, seine Mutter zu kritisieren.

Hätte sie mal lieber ihr Söhnchen kontrolliert, der sich an seinem Standort, wie eine Wildsau aufführte.

Kurz nach unserer Hochzeit gestand er mir, dass er wenige Wochen zuvor in sturz besoffenem Kopf mit seinem Auto ein minderjähriges Mädchen angefahren hatte, dessen Vater mit einer Anzeige gegen ihn gedroht habe. Um sich zu retten, habe er sich mit dem

Mädchen verlobt, glaubte so, einer Strafverfolgung zu entgehen. Die Drohung stand aber immer noch im Raum.

Wohlgemerkt: Zu diesem Zeitpunkt war er mit mir offiziell seit Monaten verlobt!

Hätte ich vor unserer Hochzeit von seinem Fehltritt gewusst, wäre meine Verlobung Schnee von gestern geworden. Das wusste er ganz genau!

Deshalb hat der Intrigant mit seinem Geständnis bis nach der Hochzeit gewartet, da der Drops noch nicht fertig gelutscht war, und er noch mit Sanktionen seitens der Justiz rechnen musste. Er wusste ja nicht, wie der Vater des Mädchens reagierte, da ihr „Verlobter" feige sein Heil in der Flucht gesucht hatte.

38

Besagtes Mädchen passte in sein Beuteschema. Sie war ca. 15-16 Jahre alt…eigentlich schon etwas zu alt für Jemanden, der sofort das Steuer seines Autos verriss, sobald er ein Mädchen im Mini-Rock auf dem Bürgersteig sah. Die Alters-Ober-Grenze lag allerdings bei 13 Jahren.

Seit meine Cousine 12 Jahre alt wurde, hatte sie das uneingeschränkte Interesse meines in Relation zu ihr 15 Jahre älteren Mannes.

Ich dachte, dass er Kinder mag…nein er versuchte, sich ihr als Mann zu nähern! Sie zeigte kein Interesse an ihm… amüsierte sich über seine „Bemühungen".

An ihrem Hochzeitstag eskalierte die Balz-Situation: ihr frisch angetrauter Ehemann bot ihm ein paar fehlende

Zähne an, wenn er nicht damit aufhöre, seine Frau zu belästigen.

Es existiert noch ein Foto von mir, auf dem mir „alles aus dem Gesicht fällt", da mir das vulgäre Gehabe meines versoffenen Ehemannes mehr als peinlich war.

Später hatte ich noch sporadisch Kontakt zu meiner Cousine. Als ich endgültig von ihm weg war, brachte ein fehlgeleiteter Anruf ihn auf die Spur von Birgit (Name geändert).

Bei diesem Anruf verwechselte er meine Cousine mit einer namensgleichen Schlampe, die er wenige Monate zuvor während einer Fortbildung, Zitat: „Die ganze Nacht durch gebumst hatte!" Damit brüstete er sich angeberisch bei Birgit, die natürlich mit dieser Info nicht hinter dem Berg hielt!

Ich erinnere mich noch sehr genau daran, als er von der Fortbildung zurückkam, aussah wie ein gerupfter Gockel und mir nicht in die Augen schauen konnte.

Zu diesem Zeitpunkt präsentierte er sich noch als glücklich verheirateter Ehemann, der sich allerdings schon längst durch die Affäre mit der gewissenlosen Kollegin zum Affen machte. In seiner geilen Skrupellosigkeit betrog er also 2 Frauen!

Als ich 2 Tage nach besagtem Anruf meine Cousine besuchte, sah ich einen Rosenstrauß auf ihrem Tisch, der mich fatal an meinen Rosenstock im Garten erinnerte. Als ich Birgit das sagte, meinte sie „Kein Wunder, die Rosen sind ja auch aus deinem Garten!"

Wie waren sie dahin gekommen?

Am Tag zuvor stand plötzlich mein jetziger Ex vor ihrer Tür. (Er hatte sich ja bei dem fehlgeleiteten Anruf ihre Adresse erschlichen!) Als sie auf sein Klingeln öffnete, stürzte er sich auf sie mit den Worten: „Birgit, Birgit…ich liebe dich…ich habe dich schon immer geliebt!" Ehe sie sich versah, hatte sie schon seine Zunge in ihrem Hals und seine Hand unter ihrem Pulli.

Wahrscheinlich bildete er sich in seiner grenzenlosen Beschränktheit ein, er könne noch was Besseres aufreißen, als das, womit er sich an seiner Arbeitsstelle bis auf die Knochen blamierte!

42

Die Rede ist vom Verhältnis mit einer 12 Jahre jüngeren Kollegin, die später in unserem Haus ein und aus ging, als die Türklinke noch warm von meiner Hand war, wie mir Nachbarn berichteten.

Birgit warf ihn aus ihrer Wohnung, aber die Blumen, die bei dem Gerangel runter gefallen waren, stellte sie als Pragmatikerin ins Wasser, da sie, Zitat: „Ja nichts für diesen Idioten können."

Ich schweife ab...bin schon am Ende meines Horrortrips, dabei gibt es noch so Einiges von menschlichen Abgründen zu berichten, die früher angesiedelt waren.

Die Bösartigkeit meiner Traumschwiegereltern war unbeschreiblich. Sie ließen sich ständig neue Gemeinheiten gegen mich einfallen. Meine Konfektionsgröße wäre 34 gewesen...da es aber damals diese Konfektionsgröße noch nicht gab, musste ich auf 36 ausweichen und die Kleidung abnähen lassen. Ich war also spindeldürr, aber für mein Schwiegermonster immer noch zu dick. In ihrer Bösartigkeit kritisierte sie mein „Übergewicht", forderte mich auf, Gewicht abzunehmen, damit ihr „Junge" sich nicht für mich schämen müsse. Sie selber zwängte sich in Größe 54, ihre Tochter in 48!

Ihr „Junge" platzte mittlerweile durch seinen ständigen Alkoholkonsum aus allen Nähten. Aber auf diesem Auge war die Alte blind!

Mein Vater nannte mich „Bohnenstange". Aus medizinischer Sicht galt ich als magersüchtig.

44

Als ich schwanger war, nötigte sie mich, mir meine langen Haare abschneiden zu lassen, da es unanständig sei, wenn eine schwangere Frau die Haare lang trüge. Obwohl mein Mann ein Fan meiner langen Haare war, traute er sich nicht aus Angst vor seiner Mutter, sein Veto einzulegen...

Mit Schrecken denke ich an unseren Hochzeitstag: Am Nachmittag war mein frisch Angetrauter plötzlich verschwunden...auch seine Schwester und seine kleine Nichte.

Auf Nachfrage wurde mir vom Schwiegermonster mitgeteilt, dass die Kleine schließlich ihren Mittagsschlaf halten müsse und dafür nur ihr eigenes Bett in Frage käme, obwohl in unserem Haus 2 Zimmer mit Schlafgelegenheit zur Verfügung standen. Der Bräutigam hatte mal wieder vor seiner Schwester stramm zu stehen, sich ihrem Willen zu beugen und seine eigene Hochzeitsfeier für einige Stunden zu verlassen.

Am Abend das gleiche Procedere: Die Schwester blies zum Aufbruch, der Bräutigam unterlag der Gehorsamspflicht und hatte seine Hochzeitsfeier zu verlassen, um den Chauffeur für seine Sippe in Richtung Nachbarstadt zu spielen.

Richtig sauer wurde ich, als auch seine Eltern ihren Tribut forderten. Warum Geld für ein Taxi ausgeben?

Der Sohn hat gefälligst den Chauffeur zu spielen, auch wenn er sich auf seiner eigenen Hochzeit befindet und die frisch Angetraute im Brautkleid nachts im Wohnzimmer bei ihren Eltern weinend auf der Couch liegt und darauf wartet, dass ihr Mann von seinen Auswärtseinsätzen zurück kommt um sich endlich um sie zu kümmern, d.h.: sie endlich auch nach Hause zu fahren.

Am nächsten Tag wurde ich von dem großkotzigen Gnom angeblafft, dass ich mich auf meiner Hochzeit daneben benommen hätte. Mein Mann, die personifizierte Feigheit, wagte es nicht, mich zu verteidigen.

Die „Traumschwiegereltern" und Schwester demonstrierten mit diesen primitiven Aktionen, wer auch in Zukunft die „Befehlsgewalt" über den Tunichtgut hatte!Das perfide Spiel funktionierte nur deshalb, weil sie sich ein „Weichei" herangezogen hatten, das sich nicht traute, zum Mann zu werden!

Zeitsprung:

Später waren da die Anrufe von Mädchen, die der Stimme nach nicht älter als 13-14 sein konnten…Rotzfrech verlangten sie meinen Mann zu sprechen. Auf meine Frage, was sie von meinem Mann wollten, meinten sie, das ginge mich nichts an…das sei eine Angelegenheit zwischen ihm und ihr.

Einmal war von Geld die Rede, das er ihr schulde. Das nächst Mal war die Lolita angeblich schwanger. So ging es ständig weiter! Er stritt alles ab, bezichtigte seine Kameraden, dahinter zu stecken, da sie neidisch auf seine tolle Frau seien, wobei sie sich mit „Pisspötten" begnügen müssten.

Ich hatte die Schnauze gestrichen voll und verlangte die Scheidung.

Mal wieder fiel er auf die Knie und betete mich heulend an, ihn nicht zu verlassen. Er schüttelte ein neues Argument gegen die Scheidung aus dem Ärmel: Er wolle vor den Leuten nicht als „Ehetrottel" dastehen!

Noch während seiner Bundeswehrzeit wurde auf dem Bundeswehrgelände ein Straßenfest organisiert. Es wurden Holz-Verkaufs-Buden aufgebaut, die in die Botanik integriert wurden.

Das traumatische Erlebnis, das ich damals hatte, verfolgt mich heute noch sporadisch im Traum.

Die Intrusionen haben mich veranlasst, dieses Buch zu schreiben!

Damals hatte ich mich nett unterhalten, vermisste aber nach einer gewissen Zeit meinen Mann.

Ich fragte einen Kollegen, ob er ihn gesehen habe. „Komm mal mit!" meinte er und führte mich zu einer verborgenen Ecke, wo mein Mann gerade im Begriff war, ein junges Mädchen gegen die Wand einer Verkaufs- Bretterbude zu drücken. Seine heruntergelassene Uniformhose, sein nacktes Gesäß und erigiertes Geschlechtsteil sprachen nicht gerade dafür, dass er ein Verkaufsgespräch führte.

Während sein Kumpel ihn gewaltsam von dem Objekt seiner Begierde wegriss, stand ich da, wie vom Donner gerührt! Indessen mein „armer Mann" schluchzend mit dem Kopf auf dem Tisch lag, weil man ihm sein Spielzeug weg genommen hatte, nahm mich sein Kollege zur Seite und meinte, er und seine Kollegen hätten schon seit einiger

Zeit beschlossen, das Gespräch mit mir zu suchen.

Da mein Mann Derjenige sei, der die tollste Frau habe, sei es ihnen unbegreiflich, wie er sich so dermaßen asozial aufführen könne...

Er würde sich ständig bis zur Bewusstlosigkeit besaufen, volltrunken Auto fahren und sich in sexueller Absicht auf junge Mädchen stürzen. Er und seine Kameraden wären permanent damit beschäftigt, ihn von den Mädchen, die noch halbe Kinder waren, weg zu zerren.

Oft würde er den Mädchen auch Geld anbieten.

Genau das, was mein intriganter Mann seinen Kameraden unterstellte, praktizierte er selber!

Nur durch die Hilfe und Deckung seiner Kameraden sei er noch nicht unehrenhaft entlassen worden.

Jetzt aber wären sie an ihre Grenzen gelangt und würden seiner asozialen charakterlosen Grundhaltung keine Deckung mehr geben.

Da ich nun sein Doppelleben kannte, hofften sie darauf, dass mein Einfluss ihn zu Vernunft bringen würde.

Nun wurde mir auch klar, warum er immer so gesteigerten Wert darauf legte, dass ich bei Bundeswehr-Events tief dekolletiert erschien… Seine Vorgesetzten stierten mir gierig ins Dekolletee und äußerten sich lobend über meinen Brustumfang, was er für sich als persönliches Verdienst wertete.

52

So wurde für mich unbewusst mein Busen für ihn zum Steigbügel-Halter. Weil seine Frau ein so tolles Dekolletee hatte, glaubte er Narrenfreiheit bei seinen Vorgesetzten zu haben.

Der armselige Wicht schob mich vor, um für sich Vorteile raus zu schinden.

Als mein Mann aus dem Alk - Koma erwacht, und er einigermaßen wieder ansprechbar war, habe ich meinen Ekel vor ihm überwunden und mit ihm das Gespräch gesucht.

Erwartungsgemäß mauert er, konnte sich angeblich an nichts erinnern, stritt alles ab, drehte den Spieß um und diskreditierte seine Kollegen und bezeichnete mich als von Wahnvorstellungen geplagte eifersüchtige Ehefrau!

Natürlich kniete er wieder mal vor mir und heulte wie ein Schloss-Hund!

Alleine die Tatsache, dass ich unsere Finanzen verwaltete und nirgendwo ein Schlupfloch fand, das die Bezahlung der Sex-Opfer abgedeckt hätte, ließ mich ihm bedingt glauben.

Er bediente sich zwar an unserem Konto, aber für große Extra-Ausgaben, wie Fremd-Kopulieren, gab es kein Indiz.

An meinem Geburtstag wurde ich eines Besseren belehrt.

Mein Schwiegermonster erschien bei uns, erklärte wichtigtuerisch, sie habe kein Geld, weder für einen Blumenstrauß, noch für ein Geschenk, da sie ihr gesamtes Geld ihrem „Jungen" geben müsse…

54

Seine Ehe mit mir habe ihn finanziell ruiniert...sie müsse dafür sorgen, dass ihr Junge ein gutes Leben führen könne. Dann schlug sie sich den Bauch mit meiner Torte voll und schielte unter die Schränke, ob sie eventuell Staub bemängeln könnte.

Mir fiel es wie Schuppen von den Augen: Seine Mutter finanzierte seine sexuellen Eskapaden!!!

Seine Kollegen hatten die Wahrheit gesagt und er mal wieder gelogen, dass die Balken sich bogen!

Niemals hatte er erwähnt, dass er ständig Geld von seiner Mutter abstaubte.

Fortan war ich als ungeliebte Schwiegertochter von der Geschenkliste für Geburtstage und Weihnachten gestrichen. Nein…ich will nicht lügen: ein einziges Mal habe ich noch 2 Eimer Granolputz für unseren Flur erhalten… getarnt als Geburtstagsgeschenk!

Bereits vor der „Haushaltssperre" gegen mich sah es so aus, dass ich zum Geburtstag einen Porzellan-Kaffee-Filter für 1,95 DM überreicht bekam, während ihre Tochter, die 6 Wochen nach mir Geburtstag hatte, ein 12-teiliges Kristall-Bowle-Service einschließlich silbernem Schöpflöffel geschenkt bekam.

Ein Sparbuch mit ca. 1000,-DM wurde meinem Ex von seinem Vater als Anteil der Eltern für unsere neue Küche überreicht, mit den Worten: „Dieses Geld ist ganz alleine und ausschließlich für meinen Jungen…dir gehört nichts davon!!!"

56

Der Vollpfosten war aber nicht in der Lage, mir zu erklären, welches Zehntel der Küche ich nicht nutzen durfte, da die Küche immerhin 10 000 DM gekostet hatte. Während jeder andere Mann mit Rückgrat und Charakter dieses Verhalten des Vaters als ungeheuerlichen Affront gegen seine Frau empfunden hätte, sagte meine Memme nur: „Danke, Vater" und steckte in Windeseile das Sparbuch ein.

Mein Ex hatte sich auf meine Initiative und Drängen bei der Bundeswehr als Zeitsoldat verpflichtet und erhielt dafür nach 12 Jahren eine Abfindung, die er unbedingt für einen Porsche verbraten wollte. Da ich genau wusste, dass er sich nur bei den kleinen Mädchen profilieren wollte, legte ich mein Veto ein und bestand darauf, die Abfindung in eine größere Wohnung oder Haus zu investieren.

Wir wohnten immer noch auf 40qm… mittlerweile mit kleiner Tochter…

Selten hat ein Mann vor der Wahl gestanden: entweder Scheidung oder Porsche…wobei er sich bei der Entscheidung für den Porsche nur ein einfaches Modell hätte leisten können, da durch die Gütergemeinschaft, in der wir lebten, die Hälfte seiner Abfindung mir zugestanden hätte.

Wie der Rest der Familie, kuschte auch er vor seiner dominanten Schwester. Unglaublich, wie diese Xanthippe sich aufführte, ihre Eltern und den kleinen Bruder im Griff hatte. Er traute sich nicht, eine Entscheidung zu treffen, oder eine Anschaffung zu machen, bevor er nicht seine Schwester gefragt hatte. Diese Abhängigkeit setzte sich auch nach unserer Heirat fort!

Die Bissgurn wollte alles bestimmen … sogar wann wir unser erstes Kind „anzusetzen" haben. Da dieses dumme Weib in jeder Beziehung sein Vorbild war, glaubte er, auch er müsse sein Kind derart misshandeln, weil sie es mit ihrer Tochter so praktizierte, seit das arme Kind wenige Monate alt war.

Eines Tages musste ich fassungslos miterleben, wie er wie ein Berserker auf unsere 10 Monate alte Tochter einprügelte, nur weil sie versehentlich mit ihrem Schuh (frisch geputzt) seinen Mantel berührt hatte, als er sie auf dem Arm trug. Die Kleine weinte bitterlich, wusste nicht, wie ihr geschah, konnte sich gar nicht mehr beruhigen!

Ich hatte gerade beide Hände belegt und war im Begriff, die Korridor-Tür abzuschließen, sonst hätte ich diesen Geisteskranken achtkantig die Flurtreppen runter geschmissen, aber ich versprach ihm bei allem, was mir heilig war: sollte er noch einmal mein Kind schlagen, würde ich ihm ein Messer in den Bauch rammen!

Meines Wissens hat er sich seitdem nicht mehr an meiner Tochter vergriffen, lediglich herumgebrüllt wie ein Stier. Die Kleine hatte immer nur Angst vor seinem Geschrei! Meistens ging es darum, dass irgendwo Spielzeug von ihr lag. Seiner Ansicht nach durfte Niemand, der die Wohnung betrat, sehen, dass dort auch ein Kind lebte.

Bei meinen Eltern machte er auf Sonnyboy, schmierte ihnen Honig ums Maul, half meiner Mutter in der Küche, beschäftigte sich mit meiner kleinen Schwester, die er aber hasste wie die Pest und kein gutes Haar an ihr ließ. Das hatte aber keinen großen Aussagewert, da mein Ex an keinem anderen Menschen ein gutes Haar ließ.

Er hatte eine besondere Begabung, positive oder neutrale Eigenschaften negativ zu behaften. „Empathie" war für ihn nicht nur im wahrsten Sinne des Wortes ein Fremdwort.

Als Beispiel kann ich meine ehemalige Nachbarin benennen: Er lachte und scherzte mit ihr, küsste sie, nannte sie „Schmackebätzchen", tat so, als ob sie seine beste Freundin sei…Kaum hatte sie sich umgedreht, nannte er sie eine dreckige Schlampe, die nur ihren Mann ausnutze und zu faul zum Arbeiten sei. Mittlerweile hat sie 3 süße Enkelkinder, um die sie sich liebevoll kümmert, aber auch das wird negativ ausgeschlachtet.

Nachdem ich endgültig vor ihm die Flucht ergriffen hatte, sind von ihm Aussagen über mich getätigt worden, die nichts, aber auch rein gar nichts mit meiner Person, meinem Leben und meinem Charakter zu tun haben.

Er hat sich eine Lügenwelt aufgebaut, die auf der ganzen Welt ihresgleichen sucht!

Als ich im 9. Monat mit meiner Tochter schwanger war, besuchten wir meine Eltern. Beim Einparken des Autos sah ich beim Zurücksetzen aus dem Augenwinkel, wie sich meine damals 5-jährige Schwester just in dem Moment mit ihrem Kinderroller links in der Nebenstraße überschlug und leblos liegen blieb. Ich geriet in Panik und rief zu meinem Ex : „Schnell, schnell die Kleine ist verunglückt!" Er grinste nur und meinte: „Ist mir doch egal! Was hab ich damit zu tun?!" Als das Auto stand, sprang ich raus und lief ich so schnell es mein Zustand zuließ, zu meiner ohnmächtigen Schwester. Ich hob sie auf, im gleichen Moment sah ein Nachbar von seinem Garten aus das Szenario und rief: "Um Gottes Willen, doch nicht in ihrem Zustand! Ich komme und helfe ihnen!" Er war Ruckzuck da und übernahm das Kind.

Als wir zum Haus zurückgingen, lehnte mein Ex am Auto und rauchte süffisant grinsend eine Zigarette. Er ging hinter uns her ins Haus und spielte sich als der Retter meiner Schwester auf.

Das Haus SEINER Schwester stand auf einer Anhöhe. Ein ziemlich steiler Weg führte zu der Haustür. Als wir - es war gegen Ende meiner Schwangerschaft, ca. 9.Monat – dort mal zu Besuch waren, mussten wir beim Verlassen des Grundstückes den steilen Weg nach unten überwinden.

Mein Riesenbauch und das Weg-Gefälle stellten schon alleine beim Runtergehen ein Problem für mein Gleichgewicht dar, das jeder fürsorgliche Ehemann mit seiner Hilfe abgemildert hätte. Nein...mein Vollpfosten musste sich vor seiner Schwester, die oben am Flurfenster hing, profilieren...

Mit den Worten: „Na, du alte Töle!" holte er aus und schlug mit voller Wucht auf meinen Rücken, was den Sturz meines Lebens zur

Folge hatte. Als ich auf meinem Bauch lag, bog er sich vor Lachen schaute immer Beifall-heischend nach oben zum Flurfenster, in dem seine Schwester lag, die sich ebenfalls vor Lachen den Bauch hielt.

Hilfe kam von einem älteren Ehepaar, das zufällig den Weg kreuzte. Während mein Attentäter noch immer Beifall-heischend nach oben schaute und brüllend vor Lachen sich auf die Schenkel klopfte, boten sie mir an, einen Krankenwagen zu rufen. Als sie mir hoch halfen, hatten sie mit Entsetzen meine blutigen Knie und Arme und meine fortgeschrittene Schwangerschaft registriert. Mein Drecksack von Ehemann hatte bis dato noch keinen Finger gerührt, um mir zu helfen...zwischen 2 Lachanfällen versuchte er, die Helfer zu verscheuchen, weil ich mich „ immer so blöd anstelle"...

Am Tag vor der Geburt meiner Tochter „feierten" wir den Geburtstag des Schwiegervaters.

Als wir abends nach Hause kamen, hatte ich schon Rückenschmerzen, die mich aber noch nicht an Eröffnungswehen denken ließen, da ich noch 8 Tage Zeit bis zum errechneten Geburtstermin hatte.

Mein Ex wollte mit unserem Nachbarn in der Kneipe „1 Bier" trinken gehen. Ich meldete wegen meines eigentümlichen Gesundheitszustandes Bedenken an, aber er ließ sich nicht abhalten, sein Egoismus und Gier nach Alkohol war stärker als seine Sorge um mich.

Als er dann um 1 h nachts, bereits auf der Straße laut grölend sternhagelvoll nach Hause kam, hatte ich schon mit dem Krankenhaus telefoniert und war aufgefordert worden wegen der kurzen Wehen - Abstände sofort zu kommen.

Ich hatte speziell dieses Krankenhaus ausgesucht, da es damals das Einzige war, wo die werdenden Väter bei der Geburt dabei sein durften.

Als ich meinem Ex sagte, dass ich ins Krankenhaus muss, kotzte er erst mal das ganze Badezimmer voll und legte sich ins Bett. Es war mir nicht möglich, ihn zu wecken…er befand sich mal wieder im Koma.

Nach einer Stunde hatte ich die begleitete Geburt durch ihn bereits abgeschrieben und war im Begriff, ein Taxi zu rufen. Da hörte ich Grunz -

67

Geräusche aus dem Schlafzimmer. Er stand noch mal auf, um den 2. Kotzdurchgang durchzuziehen!

Leute…ich weiß, dass es erbrechen oder übergeben heißt, aber diese Unperson hat gekotzt wie ein Reiher. Mit ca. 3 Promille im Blut versuchte er mich und mein Ungeborenes als volltrunkener Fahrer durch Zickzack Fahren umzubringen. Es gab kaum einen Bürgersteig, den er nicht touchierte…was natürlich besonders angenehm war bei Wehen abständen im Minutentakt. Wir müssen eine ganze Kompanie von Schutzengel gehabt haben, dass wir überhaupt lebend im Krankenhaus angekommen sind!

Am Empfang rief man die diensthabende Hebamme, die meinen Begleiter nur kurz musterte und dann ein „Raus!!!" rief. „Das fehlt mir gerade noch, einen stockbesoffenen werdenden Vater im Kreißsaal zu haben"! Bei der Gelegenheit sprach sie gleich ein Hausverbot aus.

Sie kochte vor Wut und ließ ihren Frust an mir aus, indem sie mich behandelte wie eine Asoziale…ich wurde nur als „Frau des Säufers" gehandelt.

Um 8 h morgens hatte ich endlich die schlimmste Nacht meines Lebens hinter mir…meine Tochter war geboren. Die Unterstützung des Vaters bestand lediglich darin, seinen kapitalen Rausch auszuschlafen und sich feige aus dem Geschehen zurück zu ziehen. Andere Väter laufen während der Geburt ihres Kindes wenigstens nervös auf dem Gang auf und ab.

Noch nicht mal das hatte diese Memme geschafft! 7 Stunden lang wurde vom Krankenhaus aus versucht, ihn telefonisch zu erreichen... keine Chance...das versoffene Loch musste Augenpflege betreiben!

Am Nachmittag nahm er endlich den Telefonhörer ab...sprach lallend und total desorientiert, wie mir die Schwester, die sich stundenlang die Finger wund gewählt hatte, berichtete.

Ca. 1 Stunde nach dem Anruf torkelte er in mein Zimmer, mal wieder zitternd, wie ein scheißender Hund, einen Blumenstrauß in der Hand und nicht in der Lage, einen vernünftigen Satz zu formulieren. Von seinem Restalkohol hätte er eine ganze Kohorte römischer Söldner ins Koma versetzen können.

Ich schickte ihn wieder weg, nahm ihm aber das Versprechen ab, dafür zu sorgen, dass am heutigen Tag kein Besuch erwünscht war, da ich am Ende meiner Kräfte war: bei 36 Stunden Schlafentzug und der schweren Geburt.

Wieder eine Stunde später wurde die Tür meines Zimmers aufgerissen und seine gesamte Mischpoke stürmte herein! (so viel zu der Verlässlichkeit der Versprechen meines Ex!!!)

Ich war gerade eingeschlafen und wurde von „Ekel Alfred" geweckt, der vor mir stand und mich beschimpfte, dass ich es noch nicht mal geschafft hatte, einen Sohn zur Welt zu bringen, der den Familiennamen weiter tragen hätte können . Ich antwortete ihm ganz trocken und emotionslos, dass er sich vertrauensvoll an seinen Sohn wenden solle, da das Geschlecht des Kindes vom Mann bestimmt wird.

Da hielt er dann endlich mal seine große Fresse!

So schlimm es auch für mich war, mein Kind ganz alleine und mit Hilfe total fremder Menschen zur Welt zu bringen…nachträglich war ich froh, dass dieser Waschlappen nicht dabei war… Mit an Sicherheit grenzender Wahrscheinlichkeit wäre er kollabiert und hätte später in seiner krankhaften Verlogenheit herum erzählt, ER habe meine Tochter zur Welt gebracht!

Als absolute Meisterleistung war auch seine Hilfe bei der Installation der Wärmelampe für das Baby im Badezimmer zu werten…Da meine

Tochter 8 Tage zu früh geboren wurde, war besagte Lampe noch nicht angebracht, da der werdende Vater keinen Handlungsbedarf sah, einen Elektriker zu beauftragen. Später im Krankenhaus erinnerte ich ihn 10 Tage lang daran, die Lampe anbringen zu lassen.

Als ich mit meinem Baby auf dem Arm nach Hause kam, fand ich in der Wohnung eine Baustelle vor! Durch eine Bohr-Staubwolke musste ich mein Baby in sein Bettchen tragen, da mein Vater als letzte Rettung wenige Minuten vor meinem Eintreffen die Arbeit erledigte, die der werdende Vater wochenlang vor sich her geschoben, oder besser gesagt „verschlampt" hatte!

Um den Säugling zu schützen, durfte ich als Wöchnerin gleich zum

Staubsauger und Schrubber greifen. Natürlich hätte ich auch den pflichtvergessenen Säufer damit beauftragen können, aber der hätte sofort seine Mutter geholt. Schwiegermonster war das Letzte, was ich jetzt brauchen konnte.

Meine Traumschwiegereltern gaben auch nach der Geburt meiner Tochter ihr bestes Sortiment an Beleidigungen und Unverschämtheiten.

Wenn ihr „Junge" es nicht hörte, lästerte das Schwiegermonster über meine Tochter, die eine Kleinausgabe ihres Sohnes war, ab.

Wenn sie mal wieder ihre Gemeinheiten („Die guckt so blöd aus der Wäsche, andere Kinder in diesem Alter schauen viel intelligenter!") abließ, sagte sie anschließend: „Liege aber jetzt nicht damit meinem Jungen in den Ohren, sonst sage ich ihm, dass du lügst!"

Was hätte es genützt – er wäre sowieso zu feige gewesen, seine Mutter zur Rede zu stellen...

Ich frage mich, woher sie das Wort Intelligenz kannte – konnte nur aus dem Duden sein, denn praktiziert hatte diese Familie sie nicht!

Negatives, was sie an meiner Tochter zu entdecken glaubte, wurde ihr als Charakterzug meiner Schwester angelastet und auf meine Familie dämonisiert. Alles, was nach ihrer unbedeutenden, ordinären Meinung nachteilig war, kam grundsätzlich von mir und meiner Familie!

Seine Mutter rief jahrelang jeden Tag bei uns an und verlangte ihren Rechenschaftsbericht!

Ihre telefonischen Belästigungen wurden langsam unerträglich.

Das ging so weit, dass ich ihr berichten musste, ob meine Tochter Verdauung hatte und Konsistenz, Farbe und Masse zu beschreiben hatte. Meine Ablehnung, sie in unserem Privat-und Intimleben wühlen zu lassen, schürte lediglich ihren Hass gegen mich!

Wenn wir alle 14 Tage zum Kegeln fuhren, schlief unsere Tochter bei den Schwiegereltern.

Ich weiß nicht, ob sie sofort nackt ausgezogen wurde, oder sie warteten, bis die Kleine im Bett war, um ihre gesamte Garderobe auf links zu drehen, da kontrolliert werden musste, ob auch keine Naht locker, oder kein Knopf lose war. Für diese Leute war es ein innerer Reichsparteitag, wenn sie irgendeinen Mangel entdeckten, den sie mir anlasten konnten.

So hysterisch und bösartig sich die Alte auf mich stürzte, so nachsichtig und gütig, aber auch ängstlich verhielt sie sich ihrer cholerischen Tochter gegenüber, die ihr Kind aufs Schlimmste misshandelte. Angst vor der dominanten Tochter war die Triebfeder für ihr insuffizientes Verhalten.

Eines Tages rief mich eine Verwandte an, die zusammen mit ihrer Schwester und ihrer Mutter – Schwiegermonster war auch anwesend – bei der Schwägerin eingeladen waren…

77

Zu viert mussten sie sich bereits am frühen Vormittag auf die kleine Eckbank in der Küche quetschen und die angeblichen hausfraulichen Qualitäten der Schwägerin bejubeln.

Genau wie ihr Bruder hatte sie schwere Bildungs-Defizite, die sie durch dominantes und großkotziges Auftreten zu kaschieren versuchte. An besagtem Vormittag verkündete sie, ihre damals ca. 10-Monate alte Tochter sei „stubenrein". Ihr Besuch bezweifelte das…woraufhin die Dumpfbacke noch einen drauf setzte und behauptete, das Baby sei sogar beim Schlafen trocken.

Sie legte das Kind zum Mittagsschlaf ins Bett und wollte anschließend demonstrativ die Richtigkeit ihrer Aussage beweisen…

Die Windel der Kleinen war patschnass, was dieses blöde Weib total ausflippen ließ! Sie nahm die nasse Windel und peitschte sie dem Baby rechts und links durch das Gesicht…immer wieder… begleitet von ordinärem Gebrüll: „Du alte Drecksau, du hast mich blamiert!!!"

Der Besuch war schockiert und fest entschlossen, dieses Haus nie mehr zu betreten. Auf meine Frage, warum das Schwiegermonster nicht eingeschritten sei, bekam ich die alles erklärende Antwort, sie habe das Verhalten ihrer Tochter verteidigt und bagatellisiert: „Ach…meine Tochter ist manchmal ein wenig streng mit der Kleinen."

Ich wurde telefonisch informiert, weil sie von mir erhofften, ich würde die Polizei, bzw. das Jugendamt informieren. Ich war zwar geschockt, konnte ihnen aber ihre Eigenverantwortung nicht abnehmen, da sie ja schließlich Zeugen dieser Ungeheuerlichkeit waren, und ich sowieso genug Stress mit dieser abartigen Familie hatte. Hinzu kam noch, dass sie auf keinen Fall bei einer eventuellen Anzeige namentlich erwähnt werden wollten, aus Angst vor der Familie.

Aber die größte „Hilfe" war mein damaliger Mann! Schon alleine der Gedanke, dass er mal Flagge zeigen müsse, ließ ihn zu einer Salzsäule erstarren. Er sah sich weder in der Lage, mit seiner Mutter darüber zu sprechen, noch seine Schwester zur Rechenschaft zu ziehen.

Seine grenzenlose Feigheit hinderte ihn daran, dem kleinen hilflosen Menschenkind, dessen Patenonkel er außerdem war, seinen Schutz anzubieten.

Meine Nichte war ohnehin die ärmste Socke. Sie wurde von ihrer Mutter durch ihre ganze Kindheit und Jugend geprügelt und reagierte fortdauernd bei jeder Stress-Situation mit Ohnmachtsanfällen. Liebe und Zuneigung suchte sie heimlich bei mir, wenn ich mit meiner Tochter schmuste, dann schlich sie sich verstohlen zu mir und mischte mit. Sobald sie die Schritte ihrer Mutter hörte, sprang sie auf und stürzte davon.

Ich wollte ihr mal liebevoll über die Haare streicheln...als sie sah, dass ich dafür meine Hand hob, zuckte sie zusammen, ging in Deckung bei schützend über den Kopf gehalten Händen. Von ihrer Mutter kannte sie nur, dass Hand hoch heben Schläge bedeutete.

Während ihrer gesamten Kindheit wurde von ihrer Mutter vehement verhindert, dass unsere Nichte mal einige Tage bei uns verbrachte. Unglaublich ihre Ausreden: „Die kleine Tochter müsse ihr beim Putzen in einer Metzgerei helfen!"

Ich machte sie darauf aufmerksam, dass Kinderarbeit in Deutschland verboten sei! Durch diese Aussage stieg meine Beliebtheit in der Familie nicht gerade an!

Von ihrem Vater konnte unsere Nichte keine Hilfe erwarten. Ich hatte schwer den Verdacht, dass die Furie ihren gutmütigen, liebenswerten Mann, Typ „Teddybär", nicht nur verbal misshandelte.

Es war an einem Weihnachts-Feiertag als meine Bissgurn von Schwägerin mit einem Notizbüchlein auftauchte und Gehör einforderte. In besagtem Büchlein hatte sie notiert, wie oft ihr Mann im abgelaufenen Jahr seiner ehelichen Pflicht nachgekommen war… Es war 49x!

Sie wollte ihren Mann vorführen und bis auf die Knochen blamieren, weil ihr die Ausbeute zu dürftig war. Ich machte ihr einen Strich durch ihren Plan, indem ich ihr vorrechnete, dass sie doch einen ganz guten Schnitt erzielt habe…

Wenn man die Tage der „Tage"
abrechnete, war der Schnitt doch
ansehnlich.

Von diesem plump-deplatzierten-
Taktlos- Gen war nachweislich auch ihr
Bruder befallen.

Als wir unsere neue Wohnung bezogen,
war für mich als absolutes Novum in
der Badewanne eine Dusche installiert.
Ich war begeistert davon, weil man den
Druck so einstellen konnte, dass auch
die Kopfhaut durch meine vollen Haare
gründlich gewaschen werden konnte.

Beim nächsten Kegelabend verkündete
mein penetranter und ungehobelter Ex,
ich würde mich mit der Dusche in der
Badewanne selbst befriedigen. In
seiner perversen Fantasie hatte er sich
ein Szenario zurecht gelegt, von dem er
sich als profilierungsüchtiger

Möchtegern große Zustimmung versprach. Anstelle der Lacher, auf die er gehofft hatte, erhielt er einen Rüffel, den er sich hinter den Spiegel stecken konnte.

Ein Kegel-Bruder konterte in die peinliche Stille: „ 1.Selbst wenn du glaubwürdig wärst, das würde ein schlechtes Licht auf deine Liebhaber-Qualitäten werfen.2. Ansonsten gehört sich so etwas nicht, das in dieser Runde auszuposaunen. 3. Bist du ein Riesenarschloch!"

Ich glaube, es war die größte Abfuhr, die dieser Vollpfosten jemals erhalten hat!

An diesem Abend soff er sich mal wieder ins Koma. Auf der Heimfahrt schnallte er sich im Auto nicht an. Als ich eine Vollbremsung machen musste, knallte er mit dem Kopf in die Windschutzscheibe.

Komisch…ich war gar nicht erschrocken oder besorgt, es tangierte mich nur bedingt peripher! Hätte sich eine 3. Person im Auto befunden, wäre ihr mit Sicherheit ein Grinsen in meinen Mundwinkeln aufgefallen!

Meine Tochter hatte sehr dickes lockiges Haar. Als meine Mutter sie mal im Beisein des Schwiegermonster fragte, wer ihr die Haare wasche, antwortete die 13-jährige ganz kess: „Aber Oma…das mache ich ganz alleine…jeden Morgen beim Duschen!" Schwiegermonster bekam Schnappatmung und meinte, das könne doch nicht sein, dass dieses kleine Kind,

sich selber die Haare waschen müsse.
Von ihrem Enkelkind wurde sie dafür
nur belächelt.

Am nächsten Tag kam der
obligatorische Rechenschafts - Berichts-
Anruf: „ ...Und ich habe immer gedacht,
du liebst dein Kind! Aber jetzt weiß ich
es besser, wo die Kleine sich selber die
Haare waschen muss! Jetzt liege aber
meinem Jungen nicht wieder damit in
den Ohren! Was gesagt werden muss,
das muss gesagt werden!"

Ich antwortete ihr, dass ich
ausgerechnet von ihr mir nicht sagen
lassen müsse, dass ich mein Kind nicht
liebe! Damit habe sie endgültig den
Bogen der Gehässig-und Bösartigkeiten
überspannt und legte auf.

Ihren Sohn informierte ich über den
neuesten Affront und forderte ihn auf,

endlich mit seiner Mutter Tacheles zu reden, da ich ansonsten zum Anwalt gehen würde, um die Scheidung einzureichen.

Ein Tag nach dem anderen verstrich, mein Ex wand sich wie ein Aal, um nicht mit seiner Mutter reden zu müssen.

Tag für Tag fragte ich ihn, ob er endlich das erforderliche Gespräch mit seiner Mutter geführt habe. Jedes Mal erfand er eine neue Ausrede.

Nachdem schon seit Jahren meine Liebe zu ihm gestorben war, schwand auch meine ohnehin schon dürftige Achtung vor ihm…ich empfand nur noch Ekel!

Eines Tages klingelte das Telefon. Ich befand mich im Flur und war im Begriff, das Gespräch anzunehmen, als ich hörte, dass mein Ex bereits am Apparat war und mit seiner Mutter sprach.

Er jammerte ihr vor, dass ich ihm das Leben zur Hölle mache wegen ihrer Beschuldigung. Ihre Rechtfertigung hörte ich nicht, aber seine Antwort darauf; „ Ja, ja Mutter…du hast ja Recht, aber das musst du ihr nicht sagen! Sie kann die Wahrheit nicht vertragen!"

Nach 13 Jahren Liebe, Fürsorge und Aufopferung für mein Kind, musste ich mir von diesem asozialem Gespann anhören, dass ich mein Kind nicht liebe. Das Wort Liebe verwechselten sie mit Egoismus!

Halleluja…DIESE WORTE LÄUTETEN DAS ENDE MEINER EHE EIN!!!

Am nächsten Tag reichte ich die Scheidung ein!

Meine 13-jährige Tochter zeigte sich erleichtert über die für sie positive Wende, da die Situation im Haus auch für sie sehr belastend war.

Sie bat mich aber, mit ihr zusammen weiter im Haus wohnen zu bleiben, da sie nicht auf ihr Appartement und ihren Hund verzichten wolle. Auch hatte sie einen Freund in der Nachbarschaft, von dem sie sich nicht trennen wolle.

Ihr Vater zog mal wieder auf seinen Knien seine Tränen-schwangere Heul Show ab, fand sogar ein paar Schlaftabletten, die er angeblich schluckte, um sich dann effektvoll und filmreif vom Stuhl gleiten zu lassen. Was für ein Schmierenkomödiant!!! Er schaffte es noch nicht mal, die

Augenlider unter Kontrolle zu halten.
Sie waren ständig in Bewegung.

Ich fragte meine Nachbarin nach einem
Blutdruck-Messgerät. Sie meinte: „Steig
einfach über ihn hinweg...wenn es ihm
zu langweilig wird, steht er von selber
wieder auf!"

Sie kannte das Gehabe von ihrem Ex.
Bei ganz normalem Blutdruck erhob er
sich später tatsächlich von selber.

Schluchzend verlangte er ständig, das
Haus behalten zu müssen! Wie ein
Terrier biss er sich am Haus fest,
weigerte sich auszuziehen.

Da ich meiner Tochter versprochen
hatte, im Haus mit ihr zu bleiben, stand
ich vor einem Problem.

Hätte ich gewusst, wie er seine
Verdrehungstaktik als Dank für mein

Entgegenkommen und Verzicht einsetzen würde, hätte ich ohne Rücksicht auf Verluste, den Verkauf des Hauses gefordert, dann wäre die spätere Ungeheuerlichkeit, Mutter und Schwester kaltschnäuzig nicht zur Hochzeit einzuladen, verständlicher gewesen!

Ich weiß nicht, wie die Rechtsprechung heutzutage ist…damals konnte man Sorge - und Wohnrecht nicht voneinander trennen. Das geteilte Sorgerecht gab es zu dieser Zeit noch nicht!

Da meine Tochter darauf bestand, im Haus weiterhin zu wohnen und ihr Vater sich weigerte, das Haus zu räumen, ich mich aber außerstande sah, weiter mit diesem intriganten Individuum unter einem Dach zu leben, lief es darauf hinaus, dass ich die „A"-Karte zog.

Es war ungeheuerlich, was dieser falsche Hund abzog an Intrigen und schmutzigen Verleumdungen gegen mich!

Alles aus gekränkter Eitelkeit, weil meine Trennung von ihm , ihn zu einem „Ehetrottel" gemacht hatte!

Seine ungeheure Hinterhältigkeit bewies er dadurch, dass er grundsätzlich telefonisch seine Jauche über mich ergoss, wenn er genau wusste, dass meine Tochter zuhörte.

Seine liebste Verleumdung war die Behauptung, ich würde meiner Tochter ihr Appartement wegnehmen wollen und würde ihn finanziell ruinieren. Aber ich warte heute noch auf die über

52.000 DM, die mir gerichtlich als Ausgleich für 8 Jahre Mietzahlung bis zur endgültigen Auszahlung meines Hausanteils zugesprochen waren... das wären monatlich 550,- DM gewesen, auf die ich verzichtet habe, um meiner Tochter ihr Zuhause zu erhalten.

Er wäre nie in der Lage gewesen, mir diesen Betrag auszuzahlen, obwohl es im richterlichen Urteil steht, deshalb verzichtete ich aus Liebe zu meiner Tochter darauf.

Mein Steuerberater hat mich für verrückt erklärt, dass ich auf das mir gerichtlich zustehende Geld verzichte, obwohl ich dafür Steuern zahlen musste, als ob ich es real erhalten hätte.

Seine Verleumdungs - Schleimtour machte er anschließend durch halb

Deutschland, belästigte Bekannte und Verwandte, um ihnen zu berichten, ich hätte meine Tochter „verstoßen" und was für eine lausige Hausfrau und Mutter ich gewesen sei und sich selber ins rechte Licht zu rücken. Sein „Verdienst" bestand aber lediglich in Koma-Saufen, Lügen und Fremdgehen mit kleinen Mädchen.

Niemals hatte er auch nur einen Handschlag im Haushalt gemacht, geschweige sich um das Kind gekümmert!

Seine Tochter war für ihn nur interessant, wenn er mit ihr angeben konnte, ansonsten überließ er mir die gesamte Verantwortung und Fürsorge für das Kind, weder für schulische Belange, noch für kindgerechte Freizeitgestaltung, wie gemeinsames Spielen oder Unternehmungen zeigte er Interesse. Vor diesem Hintergrund ist das Lügenpaket, mit dem er seine eigene Minderwertigkeit zu kompensieren versuchte, eine Ungeheuerlichkeit sondergleichen.

Dieses Lügenpaket einer Encephalon Pygmäe besteht aus einer ungeheuerlichen Ansammlung von Tatsachenverdrehungen.

Wie bereits erwähnt: Es fehlt nur noch, dass er behauptet, ER habe meine Tochter zur Welt gebracht.

Wenn ich heutzutage ein Foto meiner Tochter sehe, auf dem sie lächelt und ihre wunderschönen Zähne zeigt, muss ich immer daran denken, wie ich 3 Jahre lang alle 3 Wochen mit ihr zum Kiefer-Orthopäden gefahren bin, um ihre „Multiband – Apparatur" behandeln zu lassen. Jedes Mal musste ich mir dafür von meiner Arbeitsstelle frei nehmen und an einem anderen Tag die Zeit nach arbeiten.

Ihr großkotziger Vater, von dem sie die krummen Zähne geerbt hatte, hatte es in 3 Jahren nicht 1x geschafft, mit dem Mädchen einen Termin wahr zunehmen. Die Interessenlosigkeit an den Bedürfnissen seiner Tochter, war unbeschreiblich!

Sein Born der Borniertheit war und ist unerschöpflich.

Borniertheit und Bösartigkeit gehen oft Hand in Hand! (Prof. Hellmuth Karasek)

Ein Paradebeispiel seiner grenzenlosen Borniertheit gab er kurz nach dem Einzug in unser Haus.

Wie ein wütender Stier kam er zu mir in die Küche gestürzt und bezichtigte mich mit Schaum vor dem Mund, ich würde den Bauarbeitern, die noch immer rund um unser Haus beschäftigt waren, unser Gäste-WC zur Verfügung stellen! Ich fragte ihn, ob bei ihm im Oberstübchen noch alles in Ordnung sei. Er zerrte mich ins Gäste-WC und zeigte auf eine Riesen-Wurst, die dort in der Toilette lag.

Ich klärte ihn auf, dass kurz vorher unsere Tochter die Toilette benutzt habe. Er brüllte mich an, dass ich ein verlogenes Miststück sei, da so eine große Wurst niemals aus dem Hintern eines kleinen Mädchens kommen könne.

Weiterhin machte ich ihn darauf aufmerksam, dass die Bauarbeiter nur wenige Meter von unserem Haus entfernt ihr DIXI-Klo stehen hatten und dass der menschliche Darm durchaus in der Lage sei, solch große Würste zu produzieren, unabhängig vom Alter oder Geschlecht.

Jedoch er beharrte borniert darauf, dass ich durch Vermietung unseres Gäste-WC einen schwunghaften Handel mit den Bauarbeitern betrieb.

Unsere Tochter erschien gerade zum richtigen Zeitpunkt, um sie zu dem Mysterium zu befragen. Sie bestätigte die Benutzung der Toilette, konnte sich aber nicht erklären, warum die „Ausbeute" noch in der Keramikschüssel lag, da sie doch abgezogen hatte. Die Erklärung lag auf der Hand: der Wasserdruck schwankte ständig und war zum Zeitpunkt des Spülvorgangs gerade sehr schwach, so dass nur das Toilettenpapier weggespült wurde.

Die Borniertheit meines Ex ließ diese Erklärung nicht zu. Jetzt wurden wir beide als Lügner beschimpft, die gemeinsame Sache gegen ihn machten.

Beim nächste Telefonat mit seiner Mutter hörte ich zufällig, wie er sich empörte:" ...Und jetzt leitet sie die Kleine schon zum Lügen an!"

In der Trennungsphase belästigte er ständig meine Eltern. Um ihnen seine Schmierenkomödie vorzuführen, bevorzugte er den Vormittag, wenn mein Vater in der Schule als Lehrer unterrichtete... Der Intrigant wollte meine Mutter alleine antreffen, da er vor meinem Vater wegen seiner geistigen Überlegenheit Angst hatte. Er wollte erreichen, dass meine Eltern mich zwangen, zu ihm zurück zu kehren...Kann man noch einfältiger agieren?

Zeitgleich war die Ehe meiner Schwester in Wien auch am Ende.

Sie hatte unseren Vater daran erinnert, dass er versprochen hatte, sie finanziell zu unterstützen, falls sie mal ihren gewalttätigen Mann verlassen wolle.

Da die Ehe meiner Schwester unrettbar verloren war und mein Vater trotzdem nach Wien fahren wollte, angeblich um die Ehe zu retten, sagte ich zu meinem damaligen Mann: „ Der hat doch nur Angst um sein Geld!"

Der Intrigant hatte nichts Besseres zu tun, als promt zu meinen Eltern zu fahren und dort auszuposaunen, was ich gesagt hatte. Meinem Vater passte es zwar nicht, dass ich die Sache so pragmatisch kommentiert hatte, aber ihm war klar geworden, welch einen hinterhältigen Noch-Schwiegersohn er hatte. Er warf ihn raus und erteilte ihm Hausverbot.

Das musste er schon zum Schutz meiner Mutter tun, die durch sein kriminelles Stalking schwere gesundheitliche Probleme bekam.

Dieser Vollpfosten hatte doch wahrhaftig geglaubt, dass er mich durch seinen Denunziations - Feldzug zurückbekommen würde!

Unfassbar, dass er sich als Vater aus reiner Profilierungssucht seiner Sippe gegenüber bei einer Familienfeier dazu hergab, seiner damals 3-jährigen

Tochter gewaltsam so viel Bier einzuflößen, dass sie einen Vollrausch hatte.

Ich befand mich gerade in der Küche, als ich durch kreischendes Gejohle seiner Mischpoke aufmerksam wurde und zeitgleich meine Mutter in die Küche stürzte mit den Worten: "Komm schnell, der Idiot macht die Kleine besoffen!"

Ich sah, wie meine Kleine in Richtung Schlafzimmer torkelte, um sich dort hinter der Tür zu verstecken und diese zu zudrücken. In ihrem Rausch entwickelte sie so viel Kraft, dass es uns mit 3 Personen lange nicht gelang, die Tür zu öffnen.

Unglaublich, wie sich die Unbedarftheit geistiger Tiefflieger in der nächsten Generation fortsetzt!

103

Vor kurzem sah ich ein Foto, auf dem meine damals 1-jährige Enkelin von ihrem Vater und ihrem verantwortungslosen Opa – beide von schlichtem Geist – genötigt wird, aus einem Maß Bier zu trinken.

Wir hatten ein Reihenhaus gebaut, bei dem das Treppenhaus des Nachbarhauses direkt an unserer Schlafzimmerwand vorbei führte... Nacht für Nacht kam der Nachbar sternhagelvoll nach Hause, und seine Frau flippte mit schöner Regelmäßigkeit aus.

Das lief folgendermaßen ab: Auf Clogs – die damals hochmodern waren – trampelte sie kreischend und heulend die Treppe rauf und runter, wobei sie lautstark die wüstesten Beschimpfungen und Anklagen gegen ihren Mann abließ, immer an unseren

Köpfen vorbei, nur getrennt durch eine Wand.

Jedes Mal, wenn wir vor Schreck in Bett saßen, stieß mein Ex wilde Drohungen aus, rasselte mit dem Säbel und drohte Sanktionen für den nächsten Tag an!

Obwohl das Nachbarauto fast den ganzen Tag vor der Tür stand und die Störer mehrmals im Garten zu sehen waren, meinte mein Ex, es sei nicht der richtige Zeitpunkt zum Reden, da die Nachbarn nicht zu Hause seien.

Nach einer weiteren Woche nächtlicher Belästigung fühlte sich mein Ex permanent indisponiert, das Gespräch, das unsere zukünftige Nachtruhe garantieren sollte, zu führen. Mal wieder musste ich wegen seiner unermesslichen Feigheit nach vorne preschen!

105

Aber dieses Mal waren die Leute wirklich nicht zu Hause, was mich veranlasste, einen kurzen, ironisch formulierten, aber inhaltsschweren Brief in ihren Briefkasten zu werfen. Besagter Brief war von meinem Ex als sehr gut befunden worden. Er war beeindruckt von meiner Eloquenz und stand voller Stolz zu dem Inhalt.

Daran, dass ich von den Nachbarn ab sofort nicht mehr gegrüßt wurde, erkannte ich, dass mein Brief gelesen worden war.

Wen wunderte es, dass mein intriganter Ex zeitgleich seine große Sympathie für die nächtlichen Ruhestörer entdeckte und sich urplötzlich mit ihnen duzte.

106

Es bedurfte nicht der späteren Erklärung der Nachbarn, um zu eruieren, dass mein Ex sich von meinem Brief distanzirt, mich als paranoide Querulantin hingestellt und ihnen versicherte, dass er sich in keinster Weise durch die nächtlichen Aktionen gestört fühlte... Mal wieder war er mir in den Rücken gefallen!

Unsere Ehe bestand für mich aus Arbeit im Krankenhaus, Nacht- und Wochenenddiensten, was mir natürlich bedeutend mehr Gehalt einbrachte, als er jemals verdiente.

Zu allem Überfluss mussten jeden Sonntag die Traumschwiegereltern uns beehren. Die Alte vertrieb sich die Zeit damit, in jede Ecke des Hauses zu schnüffeln, Schränke zu öffnen und natürlich ihre dicken Finger kontrollgeil in die Blumenerde zu stecken.

107

Ihr Alter kontrollierte alles, was im Laufe der Woche von seinem Söhnchen an Gartenarbeit und eventuell an Heimwerker-Spielerei erledigt worden war, wobei selbiger sich nie überarbeitete, da seine Devise war: Andere müssen dafür 3 Jahre lernen und von mir verlangst du, dass ich es einfach kann!

Also lief es immer darauf hinaus, dass ich außer meinem anstrengenden Beruf, Erledigung der Haus-und Putzarbeit, Kinderbetreuung und Chauffeurdienste für ihn auch noch zu Hammer und Nagel griff und den Malerpinsel schwang, um ihm zu zeigen, wie es geht, wenn man lediglich seinen Verstand, gepaart mit Logik nutzt!

Natürlich schmückte sich mein insuffizienter Herr Gemahlsgatte mit meiner Arbeit und ließ sich vom Vater bejubeln!

Wenn er im Garten ein paar Pflänzchen zu setzen hatte, musste auch am Samstag sein Vater antanzen, um ihn hilfreich zu unterstützen. Natürlich erwartete er, dafür zum Mittagessen eingeladen zu werden, wobei er in bester Gehässigkeit meine Einladung mit den Worten: "Na ja, wenn du was mich übrig hast!" kommentierte.

Einmal bereitete ich Frikadellen zu, von denen er 4 Stück runter schlang. Aus Höflichkeit bot ich ihm Frikadelle Nr. 5 an. Ich dachte, ich befände mich im falschen Märchen, als er in seiner grenzenlosen Bösartigkeit konterte, er möge keine verbrannten Frikadellen!!!

Wahrscheinlich musste er sämtliche Synapsen in seinem Hirn aktivieren, um diese Hinterhältigkeit abzulassen!

Mein armseliger Ex widersprach ihm aus alt bekannter Feigheit natürlich nicht, aber meine Tochter sagte: „Aber Opa, die Frikadellen schmecken doch wunderbar, die sind überhaupt nicht verbrannt!" Da der Gnom immer das letzte Wort haben musste, blaffte er das arme Kind an, dass es keine Ahnung habe…

Auch für ihn war nur wichtig, seine eigene Minderwertigkeit zu kompensieren, indem er mich runter machte, weil er es nicht zulassen konnte, dass ich seinem Sohn geistig überlegen war.

Einmal, nach einem arbeitsreichen Tag und vorherigem Nachtdienst, saß ich total übermüdet im Sessel und war vor lauter Erschöpfung kurz vorm Einschlafen. Meine 13-jährige Tochter kam rein gestürmt und bat mich, ihr ein Butterbrot zu zubereiten...

Ich sagte: „Kind, du bist doch alt genug, um dir selber ein Butterbrot zu schmieren".

Da schraubte sich ihr Vater aus seinem Sessel hoch, warf mir von oben bis unten einen verächtlich-abschätzenden Blick zu und sagte in einem Ton, der an Selbstmitleid nicht zu überbieten war: „Warte, Schatz...Papa macht schon!"

Mit Sicherheit hatte er später wieder was bei seiner Mutter zu petzen!

Mir fiel auf, dass er vehement daran arbeitete, meine Tochter gegen mich aufzuhetzen. Es waren so hinterhältige verbale Nuancen, welche die gleiche Wertigkeit hatten, wie wenn er mir im Vorbeigehen mal eben seinen Ellenbogen in die Rippen rammte, mir „versehentlich" ein Büschel Haare ausriss, mich „rein zufällig" in den Magen boxte, oder mir ein Bein stellte...natürlich auch „aus Versehen".

Seine sprichwörtliche Hinterhältigkeit war schon Programm!

Als wir mal wieder einen Disput hatten, verstieg er sich doch wahrhaftig in die Unterstellung, er sei viel zu gut zu mir! Das sagte ein Spinner, der seine Frau bis aufs Blut ausnutzte, nichts ohne seine Frau auf die Reihe bekam und sich überwiegend von ihr ernähren ließ!

Irgendwann hatte er diesen Satz in einem seiner 3-Groschen - Romane gelesen und wurde von dem Bedürfnis übermannt, ihn unter das Volk zu bringen! Seine grenzenlose Intelligenzresistenz hinderte ihn daran, die Lächerlichkeit seiner Aussage zu erkennen.

Ich kam nicht umhin, meiner befreundeten Nachbarin, die schon so manchmal Zeugin seiner Imbezillität geworden war, von seiner neuesten Großkotzigkeit zu berichten... Sie bog sich vor Lachen ob dieser Selbstüberschätzung!

Im Laufe der Zeit erhärtete sich mein Verdacht, dass er auch bei seinen Eltern eine Verleumdungskampagne gegen mich führte. Er wollte auf keinen Fall seinen Status als der Sohn, der direkt vom Heiligen Geist seinen Eltern beschert worden war, verlieren. Indem er mich ständig diskreditierte, wollte er sich die Gunst seiner Eltern in Form von Mitleid erhalten.

Er hatte sich eingeschleimt, indem er mich nach allen Regeln der Kunst verleumdete. Es war der Testlauf für seine späteren üblen Nachreden, mit denen er sich an seinem Arbeitsplatz profilieren wollte.

Bei der Scheidungsverhandlung hatte der Familienrichter deutlich Probleme damit, meinem Ex das Sorgerecht für meine Tochter zu zusprechen. Er hatte das schwitzende und zitternde Etwas aus dem Schatzkästchen seiner Erfahrung richtig eingeschätzt, hatte Zweifel an seiner Eignung zum Betreuer eines damals bereits 14-jährigen Mädchens.

Er bedauerte, sich als Richter nicht über den Wunsch des Kindes, das Haus nicht zu verlassen, hinwegsetzen zu können.

Er knüpfte an seinen Urteilsspruch strenge Bedingungen: Mein Ex hatte mir jederzeit den Zugang zu meinem Haus zu gewähren, um mein Kind zu versorgen. Ansonsten durfte meine Tochter wann immer sie wollte, mit mir zusammen sein!

Finanzielle Regelungen wurden gegeneinander aufgerechnet. Als Überhang blieben besagte 550,- DM, die mir mein Ex monatlich zu zahlen hatte. Wie bereits erwähnt, erhielt ich niemals auch nur eine DM...stattdessen verleumdete er mich, erzählte überall rum, ich würde alles daran setzen, um ihn finanziell zu ruinieren. Meine Tochter, der er immer das schlimmste

Horrorszenario ausgemalt hatte, wenn sie bei mir bliebe, belog er nach allen Regeln der Kunst, ließ seinen Frust an ihr aus und posaunte überall rum, ich hätte mein Kind „verstoßen"!

Sein dreckiger und unfairer Kampf um mein Kind wurde von ihm lediglich inszeniert, um sich als armes Opfer und notorischer Fremdgänger rein zu waschen.

Er hatte auch keine Skrupel, die Vermieterin meiner neuen Wohnung massiv zu belästigen, um die impertinentesten Lügen über mich abzulassen. Auch bei ihr zog er dann seine Kniefall-Show ab und flehte sie heulend an, mir meine Wohnung zu kündigen, damit ich kein Zuhause mehr habe und zu ihm zurückkehren müsse!

116

Auf ihre Frage, warum er mich unbedingt zurück haben wolle, wo ich doch so eine schlechte Frau und Mutter sei, antworte er, dass er nur aus Liebe zu seinem Kind ihr die Mutter zurückgeben wolle!

In Wahrheit wollte er keine Verantwortung für das Wohl des Kindes übernehmen. Noch nie in seinem ganzen Leben hat er Verantwortung übernommen...auch keine Eigenverantwortung. Um das zu wissen, bedurfte es nicht der vernichtenden Beurteilung seines Vorgesetzten beim Bund, die er versehentlich vergessen hatte, bei seinen Eltern zu verstecken.

Während seiner Bundeswehrzeit hatte er eine Phase, in der er wochenlang am Sonntagabend, wenn wir unterwegs waren, behauptet, er müsse jetzt nach

Hause fahren, um zu lernen. Da er mein Hinterfragen stets ausweichend beantwortete, ging ich davon aus, dass er mal wieder ein Lügenkonstrukt aufgebaut hatte, um nicht so viel Zeit bei seinen Eltern, oder wo wir sonst gerade waren, verbringen zu müssen. Niemals sah ich ihn mit einem Buch in der Hand oder sonstigen Unterlagen, die auf einen Lernvorgang schließen ließen.

Nach ca. 6-8 Wochen verkündete er vorwurfsvoll am Sonntagabend: So… jetzt habe er den Schlamassel, Morgen fände die Prüfung statt und er habe sich nicht vorbereiten können, da ich ihn daran gehindert habe…alles mein Schuld…mal wieder! Ich fiel aus allen Wolken und forderte ihn auf, wenigsten jetzt endlich seine Prüfungsunterlagen raus zu rücken. Er musste lange suchen, bis er das Buch, das er angeblich vollständig auswendig lernen musste, fand. Es handelte sich um die Prüfung zum Feldwebel. Abgefragt wurden nur Dinge, die er sowieso jeden Tag zu erledigen hatte. Es sollten auch einige Passagen aus dem Buch heraus geschrieben werden.

Ich setzte mich an die Schreibmaschine und tippte bis 4 Uhr morgens. Natürlich schickte ich ihn ins Bett, damit er am nächsten Tag schön ausgeruht die Prüfung bestehen konnte.

Der Prüfungsinhalt umspannte sein gesamtes Betätigungsfeld, das er Tag täglich sowieso absolvierte. Am frühen Morgen wäre ich fit für die Prüfung gewesen…hatte ja die ganze Nacht gelernt!

119

Von ca. 15 Kameraden war er der Einzige, der mit Pauken und Trompeten durch gerasselt war! Ich bekam Rückmeldung seiner Kameraden, die mir fassungslos berichteten, wie begriffsstutziger sich angestellt hatte. Schwitzend und zitternd war er nicht in der Lage, auch nur eine Frage der Prüfer zu beantworten!

Wer es nicht glaubt: Er wurde im Rang eines Stabsunter-Offiziers entlassen, was sich auch empfindlich auf seinen Sold und seine spätere Abfindung auswirkte! Alle anderen hatten den Feldwebel - Status.

Und immer wieder die Frage, wie ich es mit einem solchen Vollpfosten überhaupt aushalte!

120

Mein Fremdschäm - Potential war ausgeschöpft. Zu allem Überfluss war ich für meine Traumschwiegereltern mal wieder die Schuldige an dem Desaster. Ich hätte den „Jungen" am Lernen gehindert…wie denn?! Ich wusste doch nicht mal, dass überhaupt ein spezieller Lernbedarf vorhanden war! Ich kannte ihn nur mit Bierflasche in der Hand und auf der Couch liegend furzend fernsehen. Weder kümmerte er sich um unsere Tochter, noch leistete er irgendwelche Hilfe im Haushalt.

Es fiel in diesen Zeitraum, dass er sich seiner Defizite besonders bewusst war und seinen Frust an mir austobte… Völlig grundlos beschimpfte er mich aus dem Nichts heraus, so dass ich schon eine familiär bedingte Geisteskrankheit ins Kalkül zog.

121

Als er wirklich nicht ein gutes Haar an mir ließ, fragte ich ihn, warum er überhaupt noch mit mir verheiratet sei, er sich so vehement gegen eine Scheidung stelle, da seiner Meinung nach nichts Gutes an mir zu finden sei. Er meinte, ich habe etwas Gutes an mir. Neugierig fragte ich ihn, was das denn sei…

Die personifizierte Armseligkeit antwortete mir: „Du bist gut zum Kind!"

Das stand im krassen Gegensatz zu dem, was er nach der Trennung über mich absonderte.

Um auf die Schmieren Komödie, die er im Rahmen unserer Trennung bei meiner Vermieterin abzog, zurück zu kommen: Natürlich ließ sich die Vermieterin nicht darauf ein, mir die

Wohnung zu kündigen, schaute aber argwöhnisch meiner Tochter hinterher, die später mehrmals wöchentlich zu mir zu Besuch kam und auch bei mir schlief. (ihre Freundin musste als Alibi bei ihrem Vater für ihre Übernachtungen bei mir herhalten, obwohl sie uneingeschränktes Besuchsrecht bei mir hatte. Sie hatte einfach Angst vor den wüsten Beschimpfungen und Unterstellungen ihres Vaters!)

Man konnte ihrem Gesichtsausdruck ansehen, was sie dachte: Warum sagt das junge Mädchen „Mama" zu dieser Frau, die sich ja nach Aussage des Ex nie um sie gekümmert habe und sie dann auch noch verstoßen hat????!!!!

Irgendwann entschuldigte sie sich bei mir dafür, dass sie den bodenlosen Lügen meines Ex kurzzeitig Glauben geschenkt habe… Sie habe nie geglaubt, dass es einen Mann gäbe, der so eine tränenreiche Farce abzieht, nur um sich an seiner Ex-Frau zu rächen!

Die tägliche Versorgung meiner Tochter meinerseits klappte ganz gut. Natürlich war es Stress für mich, in 2 ½ Stunden Mittagspause 2o Minuten zu fahren, um einzukaufen, für mein Kind zu kochen und die Hausaufgaben zu überwachen, und dann wieder 20 Minuten Rückfahrt zur Arbeit.

Selbstredend hielt auch er sich an den Mahlzeiten gütlich, die ich kochte, wie er es jahrelang hoch gelobt hatte. Seine Aussage war stets: „Meine Frau kocht viel besser als meine Mutter!"

Wenn er sich den Bauch vollgeschlagen hatte, behauptete er aber jetzt aus reiner Gehässigkeit, ich würde ihm

„Fraß" vorsetzen. Natürlich bezahlte ich auch die Einkäufe für die täglichen Mahlzeiten, den „Fraß", von dem er partizipierte!

Auch hatte er keinerlei Hemmungen, mir weiterhin seine Schmierzettel für seine ihm zu geschusterte Aufgabe der Protokollführung für den Betriebsrat bei der Bank, in den er sich hinein gemogelt hatte, auf dem Küchentisch zu hinterlassen. Es war jedes Mal eine Sisyphusarbeit, aus seiner Krakelei ein sinnvolles Protokoll in deutscher Sprache zu erstellen.

Sein parasitäres Verhalten zeichnete ihn sein ganzes Leben lang aus.

Ein Paradebeispiel war sein Umgang mit meinem Eigentum! Als selbstverständlich sah er es an, dass ich den Fälligkeitsbetrag meines

Bausparkontos auf unser gemeinsames Hauskonto überwies, obwohl er seinerseits nichts dazu beigetragen hatte, da sein Arbeitgeber kein Prämiensparen bezahlte.

Da mein Arbeitgeber den damals höchst möglichen Zuschuss von 52,- DM überwies, war es nachvollziehbar, dass ich nach Auszahlung des alten Bausparvertrages, keinen Monat verstreichen ließ, um sofort wieder neu abzuschließen.

Mein Ex brachte ein Blanko-Formular mit und forderte mich auf, wegen der Dringlichkeit blanko zu unterschreiben. Er wollte dann am nächsten Tag zusammen mit einem Kollegen das komplette Formular ausfüllen.

Abends überreichte er mir einen Zettel mit meiner neuen Bauspar-Nummer, die für meinen Arbeitgeber zwecks Überweisung der Arbeitgeber-Prämie bestimmt war.

Den komplett ausgefüllten neuen Bausparvertrag bekam ich erst zu Gesicht, als man mir seine Gaunerstreich - Fälschung vorlegte.

Als ich Jahre später, schon längst geschieden, meinen Arbeitsplatz wechselte und im neuen Job keine Prämien begünstigte Leistung erhielt, wollte ich MEINEN Bausparvertrag auflösen.

Bei der Niederlassung der Bausparkasse erlebte ich mein blaues Wunder. Mein Ex hatte mich regelrecht ausgeraubt! Es gab keinen Bausparvertrag mehr…er hatte den Vertrag aufgelöst und mein Geld kassiert!

Fassungslos fragte ich, wie so etwas möglich sei, da der Vertrag auf meinen Namen lief und er nachweislich ausschließlich von meinem Arbeitgeber bedient wurde.

Im Computer konnte alles nachgewiesen werden. Der Gauner hatte hinterhältig, sich selber als Begünstigten eingetragen, was nur durch meine ergaunerte Blankounterschrift möglich war, obwohl nicht 1 Pfennig von seiner Seite eingezahlt worden war.

Schon Jahre vor unserer Trennung hatte er seiner kriminelle Energie freien Lauf gelassen und mich hemmungslos hintergangen.

Diese Fälschung war für die Bausparkasse ausschlaggebend für die Auszahlung an ihn.

128

Mit den Worten: „Von diesem Schwein hätte ich mich auch scheiden lassen!" zeigte die Sachbearbeiterin mit ihrem Kuli auf eine Zeile in dem gefälschten Vertrag, in dem in seiner Hand-Schrift sein Name eingetragen war bei der Frage, wer die Prämie für einen neuen Vertrag, den ich neu abschließen musste, kassieren sollte.

Sein Betrug ist im Netz der Bausparkasse gespeichert!

Da ich bei anderen Gelegenheiten seinen ständigen Verleumdungen ausgesetzt war, wollte ich ihn wegen übler Nachrede anzeigen.

Mein Anwalt klärte mich auf, dass es das deutsche Gesetz nicht vorsieht, dass Eheleute oder ehemalige Eheleute sich gegenseitig verklagen, sonst wären die Gerichte nur noch mit solchen Querelen beschäftigt!

Aber für seine Hinterhältigkeit, durch Auswechseln des Hausschlosses mir den Zutritt, der mir gerichtlich verbürgt war, zu meinem Haus zu verwehren, hätte ich ihn verklagen können.

Ich sprach mit meiner Tochter darüber. Sie weinte und bettelte mich an, nichts zu unternehmen, da sie dann wieder die Leidtragende sei, und er seine Wut noch mehr als er es ohnehin schon trieb, an ihr abließ.

Sie meinte, sie wolle in Zukunft täglich zu mir kommen, was sie auch praktizierte.

Was sollte ich tun? Mal wieder verzichtete ich aus Liebe zu meinem Kind auf mein Recht!

130

Bei meinen ehemaligen Nachbarn machte die Telefonnummer meiner neuen Adresse die Runde.

Sporadisch wurde ich angerufen, um mir z.b. mitzuteilen, dass sich mein Ex in keiner Weise um unsere Tochter kümmerte, das Kind sich nachts auf der Straße rum trieb. Auch von seinen Alkohol-Exzessen, die er grundsätzlich am Steuer seines Autos beendete, wurde ich informiert. Meine ehemaligen Nachbarn waren hoch erstaunt, den Mann, den sie nur mit einer Bierflasche in der Hand am Gartenzaun stehend kannten, plötzlich die Fenster putzen zu sehen, während seine „Neue" sich auf der Terrasse in der Sonne aalte.

So erfuhr ich auch von der Auswechselung des Türschlosses... gleich 3x!

131

Er wollte Freiraum für seine verheiratete Geliebte schaffen, die vor ihrem trunksüchtigen Ehemann das Weite in meinem Haus suchte.

In einer Reihenhaussiedlung lebt man sehr transparent. Die Nachbarn können sich gegenseitig beobachten und wissen somit, was sich abspielt.

Als wir schon lange geschieden waren und sich meine Nachfolgerin schon längst in meinem Haus breit gemacht hatte, wurde ein Straßenfest organisiert. Da mein Ex sich noch immer als armes missbrauchtes Opfer sah, er keinerlei Einsicht in seine eigenen Fehler und Unzulänglichkeiten hatte, setze er seinen Rachefeldzug fort, indem er seine Verleumdungskampagne gegen mich zu neuen Blüten trieb.

132

Baron Münchhausen ging von Nachbar zu Nachbar und verunglimpfte mich und meine Qualitäten als Hausfrau und Mutter. Da die Nachbarn mich seit Jahren kannten und schätzten, wussten sie, dass sie schamlos belogen wurden und baten ihn, sich und seine Lügen woanders zu platzieren!

Von anderer Seite wurde mir zugetragen, man habe ihn regelrecht verjagt wie einen räudigen Hund.

Die richterliche Ermahnung, dass sein heiß erkämpftes Sorgerecht, auch die schulischen Belange der Tochter betreffen, schien er vollkommen verdrängt zu haben…Sobald ich mich nicht mehr um ihre Hausaufgaben kümmern konnte, da er gesetzwidrig mir den Zugang zu meiner Tochter verwehrte, blieb sie in der Schule sitzen.

Zur Begründung für sein Versagen als Vater posaunte er in der Weltgeschichte herum, dass er ein sexuelles Verhältnis mit der Lehrerin aufgebaut habe.

Ich glaube, die arme Frau würde heute noch von einem Brechanfall übermannt werden, wüsste sie, was der Intrigant damals über sie verbreitet hatte!

Seine Liebhaberqualitäten schienen auch nicht gerade vom Feinsten gewesen zu sein, da meiner Tochter bereits die 2. Ehrenrunde drohte.

In Panik, vor dem zu erwartenden Gebrüll ihres Vaters flüchtend, kam sie zu mir, hatte bereits ein Formular mit Anschriften von Firmen, die eine Auszubildende suchen, im Gepäck. Wir suchten uns eine vielversprechende

Ausbildungsstelle aus, schrieben in altbewährter Gemeinsamkeit eine Bewerbung, die sich sehen lassen konnte.

Erst als sie eine Zusage erhielt, eröffnete sie ihrem Vater ihre Zukunftspläne, stellte ihn vor vollendete Tatsachen. So sehr ich mich für meine Tochter freute, so sehr haderte ich damit, dass der Pharisäer sich wieder mal aus seiner Verantwortung gestohlen hatte.

Er gab ständig Beispiele für seine grenzenlose Borniertheit.

Eines Tages saß ich abends im Wohnzimmer und stopfte seine Socken (jaaaa...das hat man damals noch gemacht, und ich war Meisterin im Stopfen, da ich seit meinem 6. Lebensjahr meine Strümpfe selber stopfen musste... Wenn ich es nicht korrekt gemacht hatte, kam meine Mutter mit der Schere und schnitt alles wieder auf. Von Mal zu Mal wurde das zu stopfende Loch größer und meine Tränen kullerten immer stärker. Es hatte aber ein Gutes: Meine bearbeiteten Löcher glichen der Arbeit einer Kunststopferin.)

Also...ich war mit Stopfen beschäftigt als die personifizierte Borniertheit ins Wohnzimmer stürzte und mich außer sich vor Wut anbrülle: „So so...jetzt ist unser gutes Wohnzimmer schon eine Nähstube!!!" Seiner Meinung nach entweihte ich das Wohnzimmer, wenn ich dort Nadel und Faden benutzte.

Nächstes Beispiel: Unseren letzten gemeinsamen Urlaub verbrachten wir an der jugoslawischen Adria zusammen mit einem befreundeten Ehepaar. Der

„Freund" hatte die glorreiche Idee, ein Loch in unser Auto zu bohren, um eine CB-Funk-Anlage zu installieren. Ich war vehement dagegen: 1. Weil ich kein Loch im Auto haben wollte, das nie mehr geschlossen werden konnte...2. Befürchtete ich ständige nächtliche Störungen während Fahrt durch das blöde Gequatsche der Männer, die Beide sehr infantil waren... 3. Hatte ich Bedenken wegen der strengen Rechtslage in dem sozialistischen Staat.

Mir war zu Ohren gekommen, dass dort CB-Funkanlagen in Autos nicht erlaubt waren. Unbelehrbar, wie dieser Kleingeist war, fuhr er heimlich zu besagtem „Freund" und ließ sich die CB-Anlage installieren...gegen meinen ausdrücklichen Willen!

Die Quittung bekam er in Jugoslawien auf der Zufahrt - Straße zur Fähre nach

RAB. Wir warteten schon stundenlang in der Schlange, als ein Polizist auf einem Moped vorbei fuhr, die illegale Installation sah, uns raus winkte und vor uns her fuhr, um uns auf der Polizeistation im Ort anzuzeigen. Meinem Ex wurde ein Gerichtstermin einige Tage später in der nächsten Kreisstadt anberaumt.

Kaum zu glauben, wie schnell sein sog. „Freund" aus seinem Auto sprang, um seine illegale Installation abzumontieren, als er sah, dass wir aufgefallen waren.

Ich weigerte mich, mit ihm zur Gerichts-Verhandlung zu fahren und forderte ihn auf, seinen sog. „Freund" mitzunehmen, der ihm den Schlamassel schließlich eingebrockt hatte.

138

Es half kein Bitten und Betteln...auch sein Schluchzen konnte mich nicht erweichen, da der Tatbestand der inneren Kündigung unserer Ehe schon längst erfüllt war! Seine hirnrissige Aktion kostete uns einen Urlaubstag und riss ein deutliches Loch in unsere Urlaubskasse...die CB-Anlage wurde eingezogen.

Wahre Freundschaft zeichnete sich dadurch aus, dass der sog. „Freund" das konfiszierte Teil seiner Anlage von uns bezahlt haben wollte.

Meine jüngere Schwester, die kurz vor ihrem 18.Geburtstag stand, hatte sich unserem Urlaub angeschlossen. Bei unseren Eltern hatte sie schon alle Freiheiten einer Erwachsenen.

Aber ihr Schwager behandelte sie wie ein Kleinkind! Er mutierte zum Vollpfosten des Jahres, praktizierte den Show down eines Psychopathen.

Meiner Schwester gegenüber spielte er sich zum Tyrannen der Superlative auf. Wenn wir am Strand lagen und sie sagte zu mir: „Puh…mir ist es zu heiß hier…ich gehe mal eine Runde schwimmen!" dann reichte das nicht… Sie hatte sich gefälligst bei ihm persönlich abzumelden…nach Möglichkeit noch schriftlich und in 3-facher Ausfertigung!

Um sich bei seinem sog."Freund" hervor zu tun, spielte er sich auf, dass es an Lächerlichkeit nicht mehr zu überbieten war. Lange versuchte ich zwischen Schwester und meinem Ex zu vermitteln. Es war aussichtslos…seine Borniertheit und Profilierungssucht war

größer als sein zu unterstellender
ehemals gesunder Menschenverstand!

Eines Tages saß ich zusammen mit meiner Schwester im Strandcafé. Wir hatten eine schweißtreibende Tretbootfahrt hinter uns. 2 serbische Studenten gesellten sich zu uns, wir unterhielten uns angeregt in englischer Sprache.

Irgendwann kamen auch meine Tochter und ihr Vater dazu. Aus hinreichend bekannten Gründen konnte mein Ex dem englischen Small Talk nicht folgen und benahm sich dementsprechend.

Man konnte nicht sagen, dass er als Sympathieträger gehandelt wurde.

Einer der Studenten beobachtete sein primitives Gehabe sehr genau und fragte mich ganz spontan: „Und …wann

lässt du dich von dem Typ scheiden?"
Genauso spontan antwortete ich:
„Sobald wir wieder zu Hause sind!"

Da die 2 Studenten auf dem dazu
gehörigen Zeltplatz campierten, ergab
es sich, dass wir uns öfter begegneten…
Nach wenigen Tagen reisten wir ab,
und meine Schwester gab den jungen
Männern ihre Adresse.

Es entstand eine rege Korrespondenz
zwischen den jungen Männern und
meiner Schwester.

Eines Tages überraschte sie unseren
Vater beim Lesen ihrer Post. Sie fragte
mich, ob sie die Briefe bei mir
deponieren könne. Ich verstaute den
großen Umschlag, der mehrere kleine
Couverts beinhaltete, unter meinen
Socken in meinem Nachttisch.

142

Diese Aktion fiel in unsere Trennungsphase. Da seine Borniertheit es nicht zuließ, er könne in irgendeiner Form selber Schuld am Scheitern seiner Ehe sein, nahm er sich täglich mehrere Stunden von der Arbeit frei, um das gesamte Haus nach Beweisen für meine Untreue durch zu schnüffeln.

Irgendwann entdeckte er den Umschlag unter meinen Socken... Obwohl sich auf jedem Couvert die Anschrift meiner Schwester bei unterschiedlichen Absendern befand, nahm er die gesamte Korrespondenz mit zu seinem Arbeitsplatz, um sich den englischen Inhalt übersetzen zu lassen.

Er belog seine Kollegen, indem er ihnen weiszumachen versuchte, diese Briefe seien an mich gerichtet und als Beweis meiner Untreue zu werten. Er war zu

blöd, das Geweih, das er sich damit
selber aufsetzte, zu erkennen.

Nicht nur er, sondern auch seine
Kollegen, die die fremde
Korrespondenz übersetzten, machten
sich strafbar.

Selbst wenn er ihnen vorlog, dass das
an mich gerichtete Briefe seien, indem
er ihnen die Couverts mit der Anschrift
meiner Schwester unterschlug,
bewegten sie sich mit ihm zusammen
auf kriminellem Niveau… auch an mich
gerichtete Briefe hätten sie nicht
übersetzen dürfen.

Meine Schwester wollte ihn anzeigen…
lediglich der Abi-Stress, in dem sie sich
gerade befand, hielt sie davon ab.

144

Dieser Mann hatte keine Skrupel, seine Kollegen in seine kriminellen Machenschaften miteinzubeziehen.

Als ich für den Auszug meine Sachen packte, bemerkte ich, dass der Umschlag, getarnt durch meine Socken, fehlte.

Ein Griff in seinen Nachttisch brachte das entwendete Indiz wieder zum Vorschein.

Als er später feststellte, dass ich mein Eigentum wieder an mich genommen hatte, tobte er wie eine Wildsau!

Unglaublich, was der Intrigant absonderte! Er stellte doch wahrhaftig die aberwitzige Behauptung auf, ich habe sein Eigentum entwendet.

„Ha…wenn ich gemein wäre, hätte ich mir die Briefe übersetzen lassen, aber da ich ja ein hochanständiger Mensch bin, habe ich es nicht gemacht!" war seine selten dämliche Aussage…

Dabei wusste ich zu diesem Zeitpunkt schon längst, was für eine Klamotte er abgezogen hatte und sagte es ihm auf den Kopf zu! Selbstredend stritt er alles ab! Erst als ich ihm anbot, mehrere Zeugen für seine verbrecherische Aktion zu benennen, knickte er ein!

Im Grunde genommen, war die gesamte Bank-Belegschaft Zeuge seiner ungeheuren Blamage, da der „Übersetzer" geplaudert hatte. Wie ich später erfuhr, war er die größte Lachnummer auf seiner Arbeitsstelle.

Wie eine Bulldogge biss er sich nicht nur an Haus, Grundstück, Kind und Hund fest…Er wollte auch nichts von der Einrichtung, Geschirr und Wäsche

rausrücken... also Dinge, die
üblicherweise bei einer Trennung
geteilt werden...

Mein Anwalt zog ihm diesen Zahn und
forderte für mich 20.000,-DM als
Ausgleich für einen Neuanfang ein,
wobei er noch sehr günstig wegkam, da
alleine schon die Küche einen
Warenwert von 10.000,-DM hatte, ein
12-teiliges Silberbesteck und 8-10
goldene Maria-Theresien-Taler, die
mittlerweile einen enormen
Wertzuwachs erreicht hatten.

Sie waren ganz alleine mein Eigentum,
da ich sie von meiner Oma über Jahre
zu besonderen Anlässen geschenkt
bekommen hatte. Den 1. Taler
schenkte sie mir zu meiner
Kommunion.

147

Wenn man bedenkt, dass er sich über 52.000,- DM, meinen Bausparvertrag und mein Auto unter den Nagel gerissen hatte, lag eine hemmungslose Bereicherung vor!

Der Ex-Mann meiner Freundin betrieb einen Möbelhandel, bei dem ich mich neu mit Möbeln eindeckte. Er kalkulierte für mich äußerst günstige Preise, und ich war sehr zufrieden mit dem Service. Wie bei langjährigen Freunden üblich, konnte ich jederzeit mit seiner Hilfe und Unterstützung rechnen.

Die Boshaftigkeit des verlassenen Mannes machte auch nicht vor dem Möbel-Experten Halt. Hemmungslos zog er über ihn her...beschuldigte ihn,

ein Verhältnis mit mir zu haben und
somit seine Ehe kaputt gemacht zu
haben. Er hatte keine Skrupel, Rufmord
zu betreiben, was seine Eigenschaft als
Geschäftsmann betraf. Er bezeichnete
ihn ohne Beweise zu haben als Gauner,
Betrüger und Verbrecher.

Jahre später war ich zum
Firmenjubiläum meiner Freunde
eingeladen. Als ich erschien, wurde ich
mit großem „Hallo" begrüßt und erhielt
gleich die Info, dass mein Ex gerade die
Feier verlassen habe.

Da ich noch sehr gut in Erinnerung
hatte, wie mein Ex meinen Freund zur
Unperson erklärt, und kein gutes Haar
an ihm gelassen hatte, war ich bass
erstaunt über seine Einschleichaktion.

Der Meister im Verdrängen und
Verdrehen zählte sich plötzlich zum

erkorenen Freundeskreis seines Erzfeindes…wohl in Ermangelung realer Freunde… sehr zur Irritation meiner Freunde. Die Frau, die er bei sich hatte, sei nicht gerade der „Burner" gewesen, wurde ich aufgeklärt.

Ich erspare mir an dieser Stelle die Witze, die über sie und ihr Aussehen gemacht wurden. Aber irgendwie musste ich daran denken, wie er als Soldat die Frauen seiner Kollegen eingestuft hatte.

Meine Freundin fuhr jeden Morgen auf dem Weg zur Arbeit durch meine Straße. Kaum ein Morgen verging, an dem sie nicht den Wagen meines Ex vor meinem Haus stehen sah. Er belauerte mich bereits um 7:30 h. Bis heute ist mir nicht klar, was er dort zu entdecken hoffte.

150

Vermutlich hat er nur sein Spionier - Gen ausgelebt.

Nachdem ich endlich umgezogen war, teilte dies meine Schwester unseren Urlaubsbekannten mit und gab ihnen meine Adresse. Sehr schnell erhielt ich Nachricht von V., die sich dann zur regen Korrespondenz entwickelte.

Irgendwann äußerte V. den Wunsch, mich in seinen Semester-Ferien zu besuchen. Allerdings stellte er die Bedingung, dass er sich seinen Aufenthalt selber finanzieren wolle, d.h.: er brauchte eine Arbeitsstelle für ca. 3 Monate.

Ich sprach mit meiner Freundin und deren Ex-Mann darüber. Er sah kein Problem darin, V. in seiner Firma für die kurze Zeit als Möbel-Transporteur einzustellen.

Irgendwann hatte mein Ex ausspioniert, dass V. bei meinem Möbel-Freund arbeitete, was seine Wut und Hass ins Unermessliche steigerte.

Es entstand in dieser Zeit eine Freundschaft von V. zu einem Arbeitskollegen irischer Herkunft, die heute noch anhält. Jim war bei unserer späteren Hochzeit Dolmetscher und Trauzeuge.

Bevor es aber so weit war, erhielt V. seine Einberufung zum Militär. Durch sein Jura-Studium war er zurück gestellt worden, aber jetzt hatten sie ihn am Wickel.

Damals begann der Kosovo-Konflikt, und er wurde für 1 Jahr dort stationiert.

In der Zwischenzeit erkundigte ich mich, wie seine Chancen für einen späteren Verbleib in Deutschland sein würden.

Ich erhielt die Info, dass er ohne Heirat mit mir lediglich 3 Monate bleiben durfte. Das genügte uns nicht, deshalb beschlossen wir die Hochzeit.

Wir wurden praktisch vom deutschen Staat gezwungen zu heiraten, wenn wir zusammen bleiben wollten.

Da V. im Gegensatz zu meinem Ex sehr sportlich war, suchte er zusammen mit Jim einen Fußballverein auf, wo er die Torwart-Position einnahm.

Eines Tages gesellte sich ein Mitspieler zu ihm und fragte ihn, ob er „V." hieße, aus Jugoslawien komme und seine Frau „Gitta" hieße…Mein Mann

beantwortete alle Fragen mit „Ja",
wollte aber wissen, warum er so
ausgefragt wurde...

Er sagte: „Du brauchst mir überhaupt
nichts zu erzählen: ICH WEISS ALLES
ÜBER EUCH!!!"

Erklärung: Die Frau des Kollegen
arbeitete in der gleichen Bank wie mein
Ex. Er musste sich jeden Abend die
neuesten Geschichten von „V." und
„Gitta" anhören, die seine Frau als
Tages-Info-Ausbeute meines Ex beim
Abendessen zum Besten gab.

Auf die Nachfrage meines Mannes, was
es denn über uns zu erzählen gäbe,
bekam er die Info, dass er skandalöse
20 Jahre jünger sei, als ich.

Zufällig war der Pass zur Hand, der
bewies, dass mein Ex ein infamer

Lügner war. Auch alles andere, was dem Kollegen noch zum Thema „V. und Gitta" einfiel, hatte nicht das Geringste mit uns oder unserem Leben zu tun.

Seine Skrupellosigkeit in Sachen Verleumdung kannte keine Grenzen. Irgendwann fiel es mir wie Schuppen von den Augen, dass die Vorliebe meines Ex für 3-Groschen-Romane ihn zu den Horror-Geschichten animierte. Er assoziierte den abgeschmackten Lesestoff auf uns. Aus allem, was er las, konstruierte er eine Lügengeschichte, primitiv zugeschnitten auf „V. und Gitta".

Als dem Kollegen klar wurde, dass nicht nur seine Frau, sondern die gesamte Belegschaft der Bank aufs schamloseste belogen wurde, kam er zu dem Schluss, dass nicht nur die Profilierungssucht des Münchhausen unermesslich war, nein…er wollte durch seine Lügen von seinen eigenen Verfehlungen ablenken.

Man hatte ihn mit seinem „Verhältnis" inflagranti ertappt und er versuchte nun, mich als die „Böse" hinzustellen, um von sich abzulenken.

Ich hatte immer gedacht, sein Münchhausen-Syndrom sei ausgereizt… eine Steigerung seiner Verleumdungs - Kampagnen sei nicht mehr zu erwarten.

Ich irrte mich!

Als er die überschwängliche Freude meiner Tochter erlebte, als diese erfuhr, dass ich schwanger war, wusste er vor lauter Wut und Neid nicht mehr, wie er sich austoben sollte.

156

Meine Tochter hatte sich immer ein Geschwisterchen gewünscht...am liebsten ein Schwesterchen.

Als sie erfuhr, dass es „nur" ein Brüderchen werden sollte, hielt sich ihre Enttäuschung in Grenzen... Hauptsache ein Geschwisterchen.

Immer öfter flüchtete sie vor seinen Launen und Wutausbrüchen zur Mama. Zu meinem neuen Mann sagte sie, dass man sich von so einem Mann wie ihren Vater einfach nur scheiden lassen könne, und sie habe volles Verständnis für die Entscheidung ihrer Mama.

Es war eine Risiko-Schwangerschaft, und ich lag schon Wochen vorher im Krankenhaus. Als die Geburt dann 14 Tage vor dem errechneten Termin nachts erfolgte, rief ich sie morgens um 7:00 Uhr vor der Schule an, um ihr mitzuteilen, dass ihr größter Wunsch in Erfüllung gegangen war, und sie nun doch ein Schwesterchen bekommen habe!

Vor lauter Glück weinte sie den gesamten Vormittag und irritierte damit die komplette Klassengemeinschaft… Frage: „Warum weinst du…was ist passiert?"

„Ich habe ein Schwesterchen bekommen!"

„Ist das so schlimm?" wurde sie gefragt.

„Nein…ich weine vor Glück!"

Um ihr Schwesterchen nicht nur hinter der Scheibe auf der Säuglings-Station zu sehen, versteckte sie sich noch am gleichen Tag zusammen mit ihrer besten (Alibi)Freundin hinter einem Vorhang , der die Nasszelle vom Rest des Zimmers trennte, in meinem Krankenzimmer. Während die Neugeborenen zu ihren Müttern gebracht wurden, durften sich keine Besucher im Raum befinden - Ausnahme bildeten lediglich die Neu-Väter.

Sie verbrachte - sehr zum Verdruss ihres Vaters - jede freie Minute bei uns…ihre kleine Schwester war ihr Ein und Alles!

Da meine „Große", wie ich sie jetzt nannte, mittlerweile schon über 16 Jahre alt war, durfte sie als Patin für ihre kleine Schwester bei der Taufe fungieren, was sie überglücklich machte.

Sehr schnell war das Baby auf seine große Schwester fixiert. Es war einfach herrlich mit anzusehen, wie die Schwestern sich liebten. Meine Große brachte jeden neuen Freund mit zu uns, um ihre Schwester vorzuführen.

Ich lernte junge Männer kennen, die mein Ex niemals zu Gesicht bekam.

In „Düdida" (Rüdiger) hatte sie sich regelrecht verliebt. Es ließ sich nicht verheimlichen, dass sie ein kleines Weibchen war. Ihre Anbagger - Versuche trieben uns vor Lachen die Tränen in die Augen.

Irgendwann später lernte meine Große einen Mann kennen, der 10 Jahre älter war als sie.

Er wohnte in einem anderen Bundesland und musste sich seelisch darauf einstellen, dass die Zeit seiner Haupt-Vollbehaarung begrenzt war.

Er drängte auf Heirat, was bei mir sämtliche Alarmglocken läuten ließ. Mein Instinkt sagte mir, dass dieser Typ nicht der Richtige für meine Erstgeborene ist. Aber sie wollte nicht hören...der Einfluss ihres Freundes war größer und vor allem hatte er ein Argument, das mir als Frau nicht gewachsen war.

Als 2. Argument brachte er seinen Wunsch ein, dass seine Kinder ihn noch als Vater mit Haaren auf dem Kopf kennen lernen sollten.

Meine Große stand voll unter seinem Einfluss.

Mein Ex rannte bei ihm offene Türen ein, als er drohte, er und seine gesamte

Mischpoke würden die Hochzeit boykottieren, falls auch die Mutter und Schwester der Braut eingeladen würden. Alles, was das Brautpaar an Geldgeschenken zu erwarten hätten, wäre dann hinfällig. Abgesehen von den Zuwendungen der restlichen Verwandtschaft wäre da ein Sparbuch in beträchtlicher Höhe zu erwähnen. Hätte der Brautvater seine kriminelle Hinterhältigkeit hinten angestellt, hätte er erwähnt, dass die Modalitäten des besagten Sparbuchs den Tag der Auszahlung als den Heirats-Tag mit dem Namen der Begünstigten beinhaltete.

Dadurch hatte meine Große einen gesetzlichen Anspruch auf das Sparbuch...die unverantwortliche Erpressung ihres Erzeugers wäre ins Leere gelaufen.

Da ihm bis zum heutigen Tag die nötige Einsicht fehlt, dass er ganz alleine der Schuldige am Scheitern seiner Ehe war, betätigte er einen Rachefeldzug gegen mich, der an Niederträchtigkeit nicht zu überbieten war.

Die Geldgier meines ungewollten Schwiegersohnes (die Ehe ist bereits seit Jahren geschieden) veranlasste meine Tochter, sich auf den ungeheuren Affront gegen Mama und Schwester einzulassen.

Nicht nur die primitiven Rachegelüste meines Ex veranlassten ihn zu der Niedertracht.

Wenn er mit seiner „Neuen" bei der Hochzeit auftauchte, musste er damit rechnen, dass Vergleiche gezogen wurden zwischen mir und seiner „Notlösung".

Dabei kam er sehr schlecht weg, wie mir von vielen Seiten berichtet wurde.

Die kleine Schwester weinte sich die Augen aus dem Kopf, dass sie ausgerechnet von ihrer heiß-geliebten Schwester so ausgestoßen wurde.

Mein Mann, der glaubte, er wäre der Grund für die Niedertracht meines Ex, stellte sich als Bauernopfer zur Verfügung und bot an, seine beiden liebsten Frauen alleine zur Hochzeit reisen zu lassen.

Jedoch die Bösartigkeit und Rachegelüste meines Ex waren unermesslich.

164

Als großzügige Geste wurde mir angeboten, bei der standesamtlichen Trauung anwesend zu sein.

Mit dieser Geste machte sie die Frau, der sie ihr Leben und ihr Wohlergehen zu verdanken hatte, zur emotionalen Almosen-Empfängerin. Ich lehnte dankend ab! Was sollte ich bei einer Zeremonie, die x-beliebig oft wiederholt werden konnte? Meine Tochter im Brautkleid vor dem Altar zu sehen, meine kleine Tochter als Streu-Engelchen mit strahlenden Augen dabei, das war das, was ich mir immer vorgestellt hatte.

Das wusste auch mein Ex, und es war ihm ein Riesen-Orgasmus, mir diesen Wunsch zu zerstören. Er war immer schon eine missgünstige Empathie-lose Person.

Als Riesen-Affront empfanden meine Angehörigen, dass zwar die gesamte Mischpoke väterlicherseits eingeladen war, aber weder die Oma und Opa der Braut, noch die Tante, Cousine oder Patin eingeladen waren. Die Erpressung des asozialen Banausen hatte vollen Erfolg!

Durch seine primitive Aktion wurde seine Tochter in meiner Familie zur „Persona non grata". Ihre Verwandtschaft mütterlicherseits sieht sie nur noch, wenn Mama eine Einladung ausspricht und der Rest der Familie auch anwesend ist.

Ihr Vater hatte ihr einen Bärendienst mit seinen hinterhältigen Machenschaften erwiesen.

Zu meinem Ex-Schwager in Wien hatte er noch kurze Zeit Kontakt. Mit ihm baldowerte er die „Mütter – Ausgrenz - Strategie" bei den Hochzeiten der Töchter aus.

Sie hatten aber die Rechnung ohne meine Nichte gemacht, die im Gegensatz zu meiner Tochter Rückgrat bewies: „Tja...Papa, wenn du mich erpressen willst, ohne meine Mutter meine Hochzeit zu feiern, dann musst du mir halt meine Geschenke zuschicken und zu Hause bleiben!"

Obwohl sie nach der Scheidung der Eltern bei ihrem Vater lebte, ließ sie sich auf keine Diskussionen, geschweige denn Gemeinheiten gegen ihre Mutter ein. Mit Wehmut habe ich die Charakterfestigkeit meiner Nichte zur Kenntnis genommen.

Wie sehr hätte ich mir gewünscht, dass die Gene bei meiner Tochter nicht so Vater- profund ausgefallen wären!

Anlässlich der Geburt meiner Enkel machte sich mein Ex endgültig zum Affen. Großkotzig setzte er bei allen 3 Enkeln eine Geburtsanzeige in die Tageszeitung, in der er sich als stolzer Opa und seine Partnerin hochstaplerisch als Oma meiner Enkel präsentierte.

Damit gab er sich der kollektiven Lächerlichkeit preis! Eine Frau, die es niemals geschafft hatte, ein Kind zur Welt zu bringen, konnte mitnichten eine 3-fache Oma sein! Das wussten alle, die ihn kannten. Er machte sich mal wieder zur Lachnummer der Nation.

Ich hatte den miesen Charakter meines Fehlgriffs richtig eingeschätzt, als ich vermutete, dass er sich als derjenige ausgeben könnte, der meine Tochter zur Welt brachte. Die Präsentation einer wildfremden Frau als Großmutter meiner Enkel hatte die gleiche erbärmliche Qualität.

Er hatte sich immer schon durch Pietätlosigkeit hervorgetan... Dass seine Partnerin das üble Spiel mit machte, zeugt von einer Abhängigkeit, die an Hörigkeit grenzt!

2 weitere Fehlgriffe folgten meinerseits... Das amoralische Sortiment der Nachfolger umfasste das gleiche Potential wie bei Fehlgriff Nr. 1, hinzu erweiterten Nichtstuer, 1 Heiratsschwindler, Ausbeuter und Groß-kotze das Sortiment.

169

Ich gehörte früher zu den Frauen, die mit einer Zielsicherheit sondergleichen sich immer den falschen Partner ausgesucht haben.

Partner Nr. 4 ist endlich der Richtige… der beste Ehemann von allen, in diesem Monat sind wir schon 10 Jahre verheiratet!

Nachwort

Diese Publikation ist das Resümee der Betroffenen einer nichtswürdigen Sippschaft, die vor keiner Maskerade zurückschreckte, um durch Herabsetzung der Betroffenen die eigene Minderwertigkeit zu reduzieren.

Liebe Kinder...Ich kann damit leben!

Herstellung und Verlag:
BoD - Books on Demand, Norderstedt
ISBN 978-3-7431-7775-8